도서출판 대장간은
쇠를 달구어 연장을 만들듯이
생각을 다듬어 기독교 가치관을
바르게 세우는 곳입니다.

대장간이란 이름에는
사라져가는 복음의 능력을 되살리고,
낡은 것을 새롭게 풀무질하며, 잘못된 것을
바로 세우겠다는 의지가 담겨져 있습니다.

www.daejanggan.org

안식일이냐 주일이냐

 이 책은 2014년 8월 23일 개최한 느헤미아 신학캠프 주제였던
〈주일이 맞나요? 안식일이 맞나요?〉의 연구 내용을 확대하여 엮은 것입니다.

안식일이냐 주일이냐

지은이	김근주 조석민 배덕만 김동춘 김형원
초판발행	2015년 4월 25일
펴낸이	배용하
본문디자인	노성일 designer.noh@gmail.com
등록	제364-2008-000013호
펴낸 곳	도서출판 대장간
	www.daejanggan.org
등록한 곳	대전광역시 동구 우암로 75-21 (삼성동)
편집부	전화 (042) 673-7424
영업부	전화 (042) 673-7424 전송 (042) 623-1424
분류	신앙 | 교회
ISBN	978-89-7071-345-8 부가번호 03230
가격	7,000원

이책은 저작권의 보호를 받습니다.
기록된 형태의 허락 없는 무단 전재와 복제를 금합니다.

안식일이냐 주일이냐

머리말

　이 땅에 복음이 뿌리를 내린 이후 한국교회와 그리스도인들은 참으로 열정적인 신앙의 모습을 보여주었습니다. 그것은 기도(새벽기도, 철야기도, 금식기도)에 대한 열정, 예배(주일예배, 수요예배, 구역예배, 새벽예배, 각종 행사마다 드리는 예배)에 대한 열정, 그리고 교회 설립에 대한 열정에서 잘 드러나고 있습니다. 한국 기독교인들의 신앙의 열정이 드러난 또 다른 예가 바로 '주일 성수' 전통입니다. 선교사들의 청교도적 신앙을 전수받은 이 땅의 기독교인들은 초기부터 주일 성수를 신실한 신앙인의 핵심적인 기준으로 삼았습니다. 대부분의 교회가 주일에 직장에 출근하거나 장사하는 것, 매매를 하거나 오락을 즐기는 것 등을 주일을 거룩하게 보내지 못하는 행위로 간주해 왔습니다. 교회에서는 구약의 이스라엘 백성들이 안식일을 엄격하게 지킬 것을 요구받은 것처럼 우리도 동일하게 주일성수를 해야 한다고 가르쳤기 때문에 신학적인 이해가 부족한 성도들은 가르치는대로 따라야 했습니다.

　그러나 세월이 흐르면서 이런 경향에 균열이 생긴 것은 신학적인 이유보다는 현실적인 이유 때문이었습니다. 대형교회가 많아지면서 예배 한번으로 주일에 대한 의무를 이행해버리려는 사람들이 늘어났고, 여가문화의 확산으로 주말

내내 여행을 비롯하여 다양한 여가 활동을 즐기는 교인들도 늘어나게 되면서 어느 순간 주일 성수는 슬그머니 교인들의 우선순위에서 밀려나기 시작했습니다. 그렇다고 교회와 신학교가 주일성수 신학을 버린 것은 아니었습니다. 요즘도 한국교회의 쇠락의 주된 원인으로 주일성수 의식의 결핍을 드는 목사들과 신학자들이 목소리를 높이고 있기 때문입니다.

　시대 상황에 굴복하여 성경의 가르침을 타협하거나 불순종하는 것은 잘못된 것입니다. 그런 점에서 주일성수가 여전히 성경적 가르침이라고 생각하면서도 현실적인 이유 때문에 실제로 무시하는 것은 바람직한 모습이 아닙니다. 만일 그것이 성경의 분명한 가르침이라고 생각한다면 상황이 어떻든 그대로 실천하도록 노력하는 것이 옳은 태도일 것입니다.

　그러나 다른 한편으로, 우리는 지금까지 많은 신학자들이 그랬던 것처럼 이 주제에 대해서 근본적인 신학적 질문을 던질 수 있을 것입니다. '주일은 안식일인가?' '구약의 안식일 규정이 주일로 그대로 연결되었는가?' '그래서 우리는 지금도 주일을 안식일처럼 지켜야 하는가?' 반대 방향으로도 질문이 가능할 것입니다. '구약의 안식일 규정은 과거의 유산인가?' '그것의 의미와 정신은 다 사라진 것인가?'

　교회와 그리스도인의 삶은 성경의 정신을 따라 가야합니다. 현실의 상황을 고려하기는 하지만 그것이 기준이 될 수는 없습니다. 그러므로 성경적 근거를 제대로 따지지 않고 주일성수를 무턱대고 강조하는 것이나, 현실적인 이유 때문에 주일성수를 슬그머니 무시하는 것 모두 바람직한 태도는 아닙니다. 지금 우리가 목도하고 있는 현실은 주일성수와 관련해서 신학적인 논의와 실제적인 적용 모두 제자리를 잡지 못하고 있는 모습입니다.

이런 문제의식 속에서 <기독연구원 느헤미야>의 교수들이 '주일과 안식일'이라는 주제로 포럼을 가졌습니다. 다양한 신학적 관점에서 이 주제에 대해 논의하면서 성경적인 지침을 도출하고 그로부터 실제적인 적용점까지 찾아보려는 것이 이 포럼의 취지였습니다. 이제 그 결과물을 책으로 엮어 냅니다.

바라기는 이 글들이 한국교회와 성도들이 주일과 안식일에 대해 바른 성경적인 관점을 정립하는데 도움이 되고, 더 나아가 안식일과 주일성수라는 개념을 넘어서 하나님의 안식의 정신을 세상 속에서 구현하는데 촉매제가 되기를 소망해봅니다.

기독연구원 느헤미야

차례

1장. 안식, 그 거룩한 부르심 _ 김근주　　　　　　　　　11
2장. 복음서의 안식일 _ 조석민　　　　　　　　　　　33
3장. 안식일이냐, 주일이냐 그것이 문제로다 _ 배덕만　　67
4장. 사회적 안식일 신학을 향하여 _ 김동춘　　　　　　81
5장. 안식의 정신을 어떻게 살아낼 것인가 _ 김형원　　111

1장
안식, 그 거룩한 부르심

김근주

안식, 그 거룩한 부르심

김근주

"안식일은 십계명에서 유일하게 창조에 근거한 계명이다. 안식일은 모두에게 평등하다는 점에서 다른 휴일들과 구별된다. 지위나 성별, 심지어 동물까지라도 이 날에는 모든 노동을 쉬게 된다. 이방인들까지 여호와께 연합하게 만들었던 것도 바로 안식일 규례였다(사 56:2-6)(Milgrom 2004: 75)."

안식일은 이스라엘의 고유한 제도이다(Levine 1989: 261). 고대 중동에서도 이와 비슷한 단어를 사용하면서("shapattu") 음력 보름이 되는 날에 신들을 달래기 위해 쉬면서 예식들을 행한 예들이 있지만, 이스라엘의 안식일은 음력에 따른 것이 아니며, 한 달에 한 번도 아니라는 점에서 차이가 있다(Milgrom 2001: 1960). 고대 중동에도 매 달마다 일정하게 정해두고 시장이 열리던 날이 있지만, 이스라엘의 안식일은 전혀 장사할 수 없는 날이라는 점에서도 확연히 구별된다(Milgrom 2001: 1960). 근본적으로 고대 중동의 날과 이스라엘의 안식일의 차이는 단지 음력을 따르는가 양력을 따르는가의 문제가 아니라, 그 날의 의미가 무엇이냐에 달린 문제라고 할 수 있다. 논의를 진행하기에 앞서 한 가지 언급해둘 것은 개역 성경이 "안식일"로 번역한 경우에 히브리말로는 "샤바트"라는 단어만 적힌 경우가 허다하다. 동일한 단어가 때로 추상 명사 "안식"(가령 레 26:34)으로, 때로는 "안식일"로(가령 레 26:2), 그리고 간혹 "안식년"으로(레 25:6) 번역되었다. 그런 점에서 안식일이라는 말보다 본질적이면서 중요한 개념은 '안식' 자체라고 해야 할 것이다.

안식일의 중요성

안식일이 차지하는 중요성은 이 규정이 놓여 있는 위치에서도 잘 드러난다. 무엇보다도 모세 율법을 통해 안식일에 관한 규정들이 등장함(가령, 출 20:8-11; 신 5:12-15)에도 불구하고 오경이 안식을 창조 질서로 제시하고 있다는 점(창 2:1-3)은 주목할 만하다. 이에 대해서는 잠시 후에 다시 다루도록 하겠다.

두 번째로 주목할 만한 위치는 출애굽기에서의 안식일 규정이다. 25장부터 31장은 성막의 규격과 내용에 대해 여호와께서 친히 모세에게 이르신 내용이다. 그리고 35장부터 40장은 그러한 지시대로 모세가 성막을 만들었음을 반복하여 기술하고 있다. 성막에 대한 지시와 성막 제조 사이에 놓여 있는 본문은 32-34장에 있는 금송아지 사건이다. 이러한 배열을 통해 하나님께서 기뻐하시는 이동 성소로서의 성막과 백성들이 자신들을 위하여 만든 금송아지가 대조되어 있다. 특이한 것은 성막에 대한 지시 마지막에 안식일 규정이 놓여있고(출 31:12-17), 성막 제조 시작에 앞선 단락에 안식일 규정이 놓여 있다(출 35:1-3)는 점이다. 이를 정리하면, [성막 지시—안식일—금송아지—안식일—성막 제조]의 순으로 본문이 배열되어 있다는 것이다. 이러한 배열이 주는 근본적인 의미가 있다면, 안식일은 이스라엘 가운데 거하시며 그들과 어디를 가든지 동행하시는 하나님을 가리키는 가장 중요한 표징이라는 점이다(출 31:13). 그리고 성막에 대한 지시와 제조를 둘러싼 엄숙하고도 장엄한 과정 중에도 이레째 되는 날 쉬는 것 역시 반드시 지켜져야 하는 엄숙한 규례임을 알려준다(출 35:2).

세 번째로, 레위기 19장에서도 안식일 규정은 특별하게 놓여 있다. 안식일을 지키라는 말씀은 이미 19장 첫머리인 3절에서 언급되었다. 이 내용이 다시 30절에서 언급되면서 3절과 연결된다. 4절에서 여호와 아닌 헛된 우상 숭배에 대해 다루었거니와, 31절 역시 하나님 아닌 것을 따르는 이들에 대한 언급이 있다는 점에서도, 첫머리와 이 단락은 서로 대칭된다. 첫머리에서 부모 경외에 대한 내용이 있었다면, 30-31절에 이어지는 단락에서는 노인에 대한 공경이 있다는 점도 이러한 대칭을 확인시켜준다. 32절의 마지막 결론은 "네 하나님을 경외하라"이다. 여기서 쓰인 "경외"는 3절에서 부모를 향해 쓰였던 표현이었다. 이 점에서도 30-32절은 첫머리의 내용을 받으면서 마무리를 짓고 있다고 볼 수 있게 한다. 이러한 공통점들을 고려하면 확실히 30-32절은 첫머리의 3-4절과 인클루지오(inclusio, 수미쌍관)를 이루고 있다고 볼 수 있다. 이방의 풍습을 따르지 않는 이스라엘이 참으로 추구하고 애쓸 일은 무엇인가? 그것은 여호와께서 정하신 안식일을 지키는 것이다. 그런 점에서 안식일은 여호와를 경외하며 그 정하신 규례와 절기를 따라 살아가는 삶을 대표한다고 할 수 있다. 그로 인해 성결법전의 마지막 부분이 안식일로부터 시작되는 절기를 다루고 있다고 볼 수 있다(23-25장).

마지막으로 볼 것은 레위기 절기 규정에서 안식일 규정의 위치이다. 23장은 안식일로부터 시작되는 절기 규정을 담고 있다. 그런데 아래에서 다시 살펴보겠지만, 레위기 절기의 출발은 안식일이고 그 최대의 절정은 희년이라고 할 수 있다. 25장 희년 규례를 끝맺은 후 다시 안식일 규정이 26:2에 등장하면서, 레위기 절기 전체를 안식일 규정이 감싸고 있다는 점은 절기의 중심이 안식일임을 잘 드러내고 있다고 할 수 있다. 아울러 26장은 안식에 대한 언급으로 시작해서(26:2), 하나님께서 땅으로 안식하게 하신다는 말씀으로 마무리된다는 점(26:34-35, 43)에서도 인클루지오를 이룬다. 우리말로는 전자는 '안식일'이고 후자는 그저 '안식'이지만 히브리말로는 동일하게 '안식'을 의미하는 단어의 복수형이 쓰여 있다.

하나님께서 명령하신 안식의 삶을 행하지 않으면, 하나님께서 친히 땅을 안식하게 하신다는 것으로 이 배열의 의미를 생각해볼 수 있을 것이다. 26:3부터 하나님의 규례와 계명을 지키거나 지키지 않은 이들에게 주어지는 축복과 저주가 이어진다는 점에서, 첫머리에 놓인 1-2절은 계명 전체에 대한 일종의 요약이라고 볼 수도 있을 것이다. 그런데 이 짧고 간결한 내용에 우상 숭배 금지와 성소 경외가 있을 뿐 아니라, 안식일 준수 명령도 포함되어 있다. 이 역시 안식일 계명이 실제로 구약 계명과 율법 전체를 이해하는 데 있어서 매우 중요한 자리를 차지하고 있음을 잘 보여준다.

이상에서 살펴 본 몇 가지의 사례들은 오경 율법 체계에서 안식일 규정이 단지 여러 규정 중의 하나가 아니라 하나님과 이스라엘 관계 그리고 하나님을 섬기고 살아가는 거룩한 삶과 연관해서 본질적인 중요성을 지니고 있음을 보여준다.

안식과 거룩

안식의 중요성과 의미는 현재 우리가 지닌 구약 성경에서 하나님의 세상 창조를 서술하고 있는 창세기 2장 첫머리에 이에 대한 언급이 등장한다는 점에서 두드러진다.

"하나님이 그 일곱째 날을 복되게 하사 거룩하게 하셨으니 이는 하나님이 그 창조하시며 만드시던 모든 일을 마치시고 그 날에 안식하셨음이니라"(창 2:3)

하나님께서는 엿새 동안 온 세상을 창조하셨다. 그리고 이레째 되는 날에는 그 모든 일로부터 쉬셨다. 위에 인용한 구절은 하나님께서 그 날을 복되게 하시고 거룩하게 하셨다 선언한다. 엿새 동안 일하신 하나님께서 이레째 되는 날에 쉬셨으되, 그 날은 복되고 거룩하다. 창세기는 처음부터 쉼을 가리켜 복된 것이며 거룩한 것이라고 명확하게 증언한다. 하나님께서 쉬신 날이니 그 날에 이스라엘 역시 모든 일로부터 쉰다. 그럴 때 그는 쉬신 하나님을 본받고 있다는 점에서 안식일을 거룩하게 지키고 있다고 말할 수 있을 것이다. 하나님의 형상대로 지음 받은 사람이기에 하나님을 닮아갈 때 가장 자연스럽고 풍성하며 참된 삶이 이루어진다고 할 수 있다. 창세기 본문은 일하시고 노동하시는 하나님을 따라 일하는 것도 하나님 닮아감일 뿐 아니라, 쉬는 것 역시 하나님을 닮아가는 과정이며, 거룩임을 선언하고 있다. 일로부터의 쉼이 하나님의 쉬심을 본받는 거룩과 결합되는 것은 출애굽기 20장의 십계명 본문에서도 볼 수 있다(출 20:11). 또한 다른 본문들 역시 이와 비슷하게 안식일은 여호와께 거룩한 날이니 그 날에 이스라엘은 결코 일하지 않아야 한다는 점을 강조한다(출 31:14-15; 35:2; 렘 17:24).

    이와 연관된 것으로 '여호와께 안식'이라는 표현을 들 수 있다. 출애굽기 16:25은 일곱째 날을 일러 "여호와의 안식일"이라 부른다. 직역하자면 '오늘은 여호와께 안식'이라고 할 수 있다. 그러니 그 날은 만나를 거둘 수 없다. 이 표현은 마치 이 날에 하나님께서 쉬시기 때문에 만나를 내리지 않으신다는 인상을 준다. 여호와께서는 이레째 되는 날 쉬시며, 그 날에는 만나를 내리지 않으신다. 그러므로 백성들도 그 날만큼은 만나를 주우러 갈 필요 없다. 그 대신 엿새 째 되는 날에 이틀 치를 내려주신 것이다. 하루를 일과 수고로부터 쉬게 하신 것이다. 이것을 생각지 않고 이레 째 되는 날도 일을 해야 살 수 있게 한다면 그것은 고통이 된다. 안식일에 만나를 주우러 가거나 일을 하는 것에 대해 하나님은 단호하게 처벌하신다. 이레째 되는 날 쉬는 것은 그야말로 천부인권이며 하나님을 본받는 삶이기 때문이다. 그런 점에서 강력한 처벌은 역설적이게도 이스라엘로 참으로 쉬게 하기 위한 의도라고 해야 할 것이다. 안식일을 안 지키면 처벌하는 것은 그 날을 반드시 지켜서 쉬게 하기 위한 것이다. 욕망으로부터, 탐욕으로부터 하루를 쉬게 하시되, 그 필요를 하나님께서 채우실 것이다. 쉼 없는 노동, 여유 없는 노동은 단지 안타까운 상황이 아니라, 하나님 본 받기를 거절한 끔찍한 거절이요 거역이다. 그런 점에서 쉴 수 없게 만들고 쉬지 않아야 경쟁력이 있다고 여기게 만드는 세상은 하나님을 거역하고 대적한다.

　출애굽기 20:10에서도 '여호와께 안식'이라는 표현이 있다. 여호와께서 천지를 창조하신 후 쉬신 것을 상기시키면서 이스라엘도 쉴 것을 명령하고 있다. 레위기 25:2,4에 있는 안식년 관련 규례에도 '여호와께 안식'이라는 표현이 있다. 7년 째 되는 해에 농사 짓지 않는 것은 여호와께 안식 혹은 여호와를 위한 안식이다. 7년째에 여호와께서 쉬신다. 그러니 땅을 경작하는 이스라엘 역시 쉴 수 있다. 여호와께서 쉬시니 당연히 사람이 쉰다. 여호와께 안식이라는 표현을 통해 안식이 얼마나 중요한 것인지를 확실히 보여준다. 여호와의 행하심을 통해 사람으로 여호와를 닮아가게 하고 따라가게 하신다. 쉬어도 여호와를 위한 쉼이요, 여호와를 닮아가는 쉼이다.

　그래서 출애굽기의 한 구절은 하나님을 본받아 모든 일로부터 쉰다는 점에서, 안식을 하나님과 이스라엘 자손 사이의 영원한 표징으로 풀이하기도 한다(출 31:17). 이 점은 에스겔에서도 볼 수 있다. 에스겔 20장에서는 안식일 계명을 가리켜 "내가 그들을 거룩하게 하는 여호와인 줄 알게"하는 규례 그리고 "그들과 나 사이에 표징"인 규례로 소개하고 있다(겔 20:12,20). 이에 따르면 하나님의 거룩하심을 드러내는 결정적인 규례이면서 하나님과 그의 부르신 백성이라는 관계를 알려주는 근본적인 규례가 바로 안식에 대한 명령임을 알 수 있는데, 이 본문은 안식일이 지니는 특별한 중요성을 확연하게 보여주고 있다. 일로부터의 쉼이야말로 하나님의 부름 받은 백성을 특징짓는 결정적인 표지이다(겔 20:11-13,20-21).

십계명과 안식

출애굽기 20장과 신명기 5장에 각각 십계명이 제시되어 있고, 두 본문 사이에 의미심장한 차이가 있다. 특히 안식일 계명의 경우, 두 본문 사이에 확연한 차이가 있다고 여겨져 왔다.

"안식일을 기억하여 거룩하게 지키라 엿새 동안은 힘써 네 모든 일을 행할 것이나 일곱째 날은 네 하나님 여호와의 안식일인즉 너나 네 아들이나 네 딸이나 네 남종이나 네 여종이나 네 가축이나 네 문안에 머무는 객이라도 아무 일도 하지 말라 이는 엿새 동안에 나 여호와가 하늘과 땅과 바다와 그 가운데 모든 것을 만들고 일곱째 날에 쉬었음이라 그러므로 나 여호와가 안식일을 복되게 하여 그 날을 거룩하게 하였느니라"(출 20:8-11)

"네 하나님 여호와가 네게 명령한 대로 안식일을 지켜 거룩하게 하라 엿새 동안은 힘써 네 모든 일을 행할 것이나 일곱째 날은 네 하나님 여호와의 안식일인즉 너나 네 아들이나 네 딸이나 네 남종이나 네 여종이나 네 소나 네 나귀나 네 모든 가축이나 네 문 안에 유하는 객이라도 아무 일도 하지 못하게 하고 네 남종이나 네 여종에게 너 같이 안식하게 할지니라 너는 기억하라 네가 애굽 땅에서 종이 되었더니 네 하나님 여호와가 강한 손과 편 팔로 거기서 너를 인도하여 내었나니 그러므로 네 하나님 여호와가 네게 명령하여 안식일을 지키라 하느니라"(신 5:12-15)

출애굽기는 창조하신 후 쉬신 하나님을 안식일 준수의 동기로 제시하고, 신명기는 종이었던 이스라엘을 인도하신 하나님을 그 동기로 제시한다는 점에서 근본적인 차이점이 있다. 그러나 두 경우 모두 이러한 안식일 준수의 혜택이 자신과 가족, 그리고 남종과 여종, 함께 거하는 나그네, 그리고 가축에게 미친다는 점에서는 완전히 동일하다. 하나님의 창조를 기억하든, 종이었던 처지에서 놓여났던 것을 기억하든, 안식일의 핵심은 자신 그리고 함께 살아가는 종과 나그네가 누리는 쉼, 일로부터의 놓여남에 있다고 해야 할 것이다. 여기에서도 안식의 초점은 다른 무엇보다도 쉼에 있음을 알게 된다.

출애굽기와 신명기에서 사회적 상황 설정이 완전히 달라졌음에도 이처럼 동일한 내용을 다루고 있다는 점은 주목할 만하다. 두 본문에서 볼 수 있듯이 안식일 준수는 개인적 영역에서 머무르지 않고, 사회적 공동체적 차원을 지니고 있다고 말할 수 있다. 그러므로 구약에 근거해서 주일 성수를 말하는 것은 아무런 근거가 없다. 노동으로부터 사회적 약자들을 쉬게 하는 것이 가장 관건이기 때문이다. 구약을 오늘에 적용한다는 것은 그러한 안식을 일상으로 만드는 것이며, 그러한 안식을 오늘 우리 현실에 적용하는 것이다. 우리 사회에 잠시도 쉴 수 없이 일해야 하는 이들이 누구인가? 우리는 어떻게 그들을 쉬게 할 것인가? 이 땅의 비정규직 노동자들로 어떻게 편안히 쉬게 할 수 있을 것인가? 노동 시간이 이리도 긴 나라에서, 그리고 거의 대부분 별 수 없이 자발적으로 일해야 하는 세상에서 도리어 안식이야말로 메시지이다.

이 점은 안식에 대한 거역이 가난한 이웃에 대한 억압이나 착취와 연결되는 것을 이해하게 한다. 앞서 언급하였던 에스겔 20장에서 안식일은 여호와께서 이스라엘의 하나님임을 드러내는 아주 중요한 표지인 것으로 제시된다. 하나님의 백성은 일주일에 하루를 일하지 않고 자신과 남을 쉬게 하면서 하나님을 기뻐하고 찬양한다. 그들의 삶의 근본이 하나님께로부터 오는 것임을 증거하는 것이 안식일이다. 쉼이야말로 삶을 얻을 계명이다. 그런데 22장에서 이스라엘은 나그네를 학대하고 고아와 과부를 해한 이들로 고발되는데, 이들은 또한 하나님의 안식을 더럽힌 이들이기도 하다(겔 22:7-8). 불의한 이익을 얻으려고 사람을 죽이는 이들이며 포악과 강탈, 가난하고 궁핍한 자 압제를 일삼는 이들이기도 하다(22:26-29). 이러한 내용은 안식을 지킨다는 것이 무엇을 의미하는지를 잘 보여준다. 안식은 단순히 제의적이고 종교적인 외적 표지인 것이 아니라, 참으로 삶을 얻게 하는 규례이다. 안식이 제대로 지켜지게 될 때에 사람들이 쉼을 얻으며 살아나게 된다. 그러나 안식을 지키지 않고 그것을 더럽히는 사회에서는 이렇듯 고아와 과부, 가난한 이들이 압제당하고 온 사회가 불의한 이익을 얻으려고 혈안이 되며, 포악과 압제가 가득해지게 된다. 그렇기에 회복된 예루살렘 성소의 제사장들은 공의롭게 재판하는 일과 안식일을 거룩하게 하는 일을 감당하도록 명령되며(겔 44:24), 그 땅의 통치자들은 포악과 겁탈을 버리고 정의와 공의를 행하며(겔 45:9), 안식일과 여러 제사들을 제대로 지킨다(겔 45:17). 이를 생각하면 안식을 그저 주일 하루 일하지 않고 교회에 모여 예배드리는 날로 만드는 것은 구약의 진술들과 전혀 합치되지 않는다. 그렇게 주일을 지키는 것은 오직 일주일에 하루 쉬는 것과 함께 모여 예배하는 것 자체를 금지하는 경우에만 의미 있을 뿐이다.

노동과 쉼

이상의 논의를 노동과 연관하여 다시 다루어 보자. 잠시라도 일하지 않으면 거두는 것이 적어지고, 일한 만큼 수확과 풍요를 누릴 수 있는 법이다. 그렇기에 어느 사회이건 부지런하고 성실할 것을 가장 중요한 미덕의 하나로 강조하기 마련이고 구약 성경 역시 곳곳에서 부지런한 삶을 강조하지만, 하나님 백성의 표지로 쉼이 제시되고 있다는 점은 충분히 의미심장하다.

노동은 창조질서이며, 하나님을 본받는 삶이다. 그렇지만 노동이 쉼과 함께 결합되지 않으면 노동은 도리어 억압과 착취가 되어 버린다. 잠시도 쉬지 않는 삶은 나 자신을 착취하는 것이며, 이것은 곧바로 다른 사람에 대한 착취로 이어진다. 쉴 새 없이 일할 때, 우리는 우리의 삶의 의미를 돌아볼 수도 없고, 내가 하는 노동의 의미를 만끽할 수도 없다. 우리 삶을 성찰할 수도, 함께 살아가는 다른 사람과 올바른 관계를 맺을 여지도 없다. 그런 점에서 쉴 새 없이 일하게 하는 것은 어느 시대에나 노예를 지배하고 관리하는 최고의 방편으로 이용되었다. 잠시라도 시간이 있으면 사람들은 자신과 자신의 삶, 이웃의 삶을 생각하게 된다. 그러면 억압되고 착취되는 강제 노동의 현실에 대해서도 생각하게 된다. 지배자와 권력자들은 이러한 생각을 못하도록 잠시도 쉬지 않고 끊임없이 노동하게 한다.

이것은 단지 절대 권력이 존재하던 고대와 중세 사회에만 해당되는 내용이지 않을 것이다. 현대 자본주의 국가에서는 자본이라는 무형의 절대 권력이 존재한다. 자본과 자본으로 형성되는 재물만이 삶의 안전성을 확보하기에, 사람들은 쉴 새 없이 노동하도록 내몰린다. 현대 사회로 갈수록 정서가 메마르고 이웃 사이의 관계가 파괴된다지만, 그것은 성품이나 인격의 문제이지 않을 것이다. 이러한 메마름과 파괴는 정신 없이 달려야 하고 일해야 하는 자본주의 사회의 필연적인 결과일 것이다. 자본주의 국가는 그 안에 살아가는 사람으로 하여금 잠시 멈추어 삶을 성찰할 시간을 주지 않는다. 제한된 시간에 수많은 일을 해내야 하는 이 사회는 멀티태스킹(multi-tasking)을 최고의 미덕으로 내세운다. 그렇지만 멀티태스킹은 동물들의 뛰어난 특징이라고 할 수 있고, 도리어 인간의 존엄한 특징은 한 가지 일을 깊이 주의 깊게 생각함에 있다(한병철 30-31). "저 깊은 심심함"(한병철 31)이야말로 사람으로 사람답게 만든다.

엿새 동안의 노동은 이레째 되는 날의 완전한 안식과 대비된다. '아무 일도 하지 말라'는 것이 하나님의 강력한 명령이 된다는 점(출 20:8-11; 31:14-15; 35:2; 레 23:2; 신 5:12-15)은 의미심장하다. 대개의 경우 열심히 일하라, 최선을 다해 일하라 등이 흔히 들을 수 있는 말이겠지만, 인생의 가장 기본적인 단위일 일주일 가운데 하루는 그야말로 아무 일도 하지 말라는 것이 하나님의 명령이다. 앞서 보았듯이, 안식일은 하나님의 창조질서(창 2:1-4; 출 20:8-11)와 애굽에서의 종살이 경험(신 5:12-15)을 배경으로 하고 있다. 이에 따르면, 하나님의 창조의 절정이 그 쉼에 있으며, 마음 편히 쉴 수 없는 강제적인 종살이를 경험했던 이스라엘이 자신과 자신의 모든 식솔들과 가축들에 이르기까지 모든 일로부터 놓여나서 쉬게 하는 데에 안식일의 근본 정신이 있다. 다음의 출애굽기 구절들은 이 두 가지를 결합하고 있다.

"너는 엿새 동안에 네 일을 하고 일곱째 날에는 쉬라 네 소와 나귀가 쉴 것이며 네 여종의 자식과 나그네가 숨을 돌리리라"(출 23:12)

"이는 나와 이스라엘 자손 사이에 영원한 표징이며 나 여호와가 엿새 동안에 천지를 창조하고 일곱째 날에 일을 마치고 쉬었음이니라 하라"(출 31:17)

하나님께서는 엿새 동안에 천지를 창조하시고 이레 째 되는 날에는 일을 마치시고 쉬셨다. 출애굽기 31:17에서 '쉬다'로 옮겨진 것은 "나파쉬"라는 히브리어 동사의 한 형태인데, '한숨 돌리다(take a breath)', '새롭게 하다(refresh)'를 의미하며, 동일한 동사가 쓰인 출애굽기 23:12에 그러한 의미로 적절하게 반영되어 있다. 하나님은 아무런 쉼도 안식도 필요치 않은 분이시되, 하나님께서는 천지를 창조하신 후 일을 그치시고 '한숨 돌리셨다'. 하나님께서 '한숨 돌리셨다'는 것은 "신인동형론(anthropomorphism)"적인 표현이다. 그로 인해 칠십인경에서는 출애굽기 31:17에서 하나님께 이러한 표현을 쓰지 않기 위해 '일을 그치다'의 의미를 지닌 "카타파우오"동사를 사용하였으며, 사람이 주어인 출애굽기 23:12이나 사무엘하 16:14에서는 '새롭게 하다'를 의미하는 히브리어 동사를 그대로 반영하는 "아나프쉬코"동사를 사용하였을 것이다. 그만큼 히브리어 본문의 표현은 파격적이라고 할 수 있다.

그러므로 일로부터 쉬는 것은 창조로부터 한 숨 돌리신 하나님을 본받는 행동이다. 하나님께서 모든 짐승과 새 등을 지으시고 그들로 '살아있어 숨쉬는 존재'(네페쉬 하야)로 만드셨고, 사람을 만드신 후에도 그 코에 생기를 불어 넣으

심으로, 그를 '살아있어 숨쉬는 존재'로 만드셨다(창 2:9). 그러므로 안식일에 '숨을 돌리게 되는 것'은 사람과 생명체의 새로운 창조에도 비견될 수 있을 것이다. 안식일의 쉼을 통해, 사람과 짐승은 하나님을 닮아가며, 하나님의 새로운 창조에 동참한다.

절기의 뿌리로서의 안식

출애굽기 34장을 보면 이스라엘의 3대 절기를 다루는 본문(출 34:18-24)의 한 가운데에 안식일 준수가 명령되고 있는 것(출 34:21)을 볼 수 있다. 안식일 규례가 절기의 출발이요 근본임을 이에서 짐작할 수 있는데, 이 점은 레위기 23장에서 좀 더 명확하게 드러난다.

"여호와의 절기"는 23장의 기본 틀을 이루고 있다(레 23:2,4,37,39,44). 23장 전체가 이 제목으로 시작해서 37-38절 혹은 44절로 마무리되고 있다. 첫머리의 안식일은 엄밀하게 따지면 매년 지키는 절기는 아니라는 점에서 연례 절기이지 않으며, 23장 내용을 요약하고 있는 38절 역시 안식일을 절기에 포함시키고 있지 않은 것을 볼 수 있다. 그런 점에서 4절이 절기 규정의 첫머리를 이루고 37-38절, 혹은 44절로 맺어지고 있는 구조로 23장을 이해할 수도 있다. 그렇다면 첫 머리 1-3절에 놓인 안식일은 절기 규정 전체를 향한 머리말 역할을 하면서 절기를 이해하고 바라보는 틀을 형성하고 있다고 할 수 있다.

또한 이 장에 소개된 절기의 수는 모두 일곱 가지라는 점도 우연이지 않을 것이다. 절기를 다루고 있는 오경의 다른 본문들에는 일 년에 세 번 여호와 앞에 나아와야 하는 절기들(유월절/무교절, 칠칠절, 초막절)만을 다루는 경우가 대부분이다(출 23:12-19; 34:17-26; 신 16:1-17). 민수기 28-29장에서는 매일 드리는 상번제부터 시작하여 안식일, 초하루, 유월절, 칠칠절, 나팔절, 속죄일, 초막절을 다루지만, 초점은 각 시기에 드려지는 제사에 초점을 두고 있다는 점에서 레위기의 진술과는 구별된다. 레위기의 본문에서 9-14절에서 다루고 있는 첫 곡식단을 드리는 절기는 절기에 관한 다른 본문들에서는 찾아볼 수 없다는 점에서 이를 별도로 다루고 있는 레위기의 진술은 특이하다. 실질적으로 9-14절은 그 내용에 있어서 독자적인 절기가 아니라 15-22절에서 다루고 있는 맥추절(혹은 칠칠절)에 부속되어 있는 규례라고 할 수 있지만, 이를 별도로 다룸을 통해("영원한 규례"라는 표현이 14절에도 쓰이고 있다) 본 장에서 소개되는 절기의 수를 일곱 가지로 만들고 있다. 그런 점에서 레위기 23장의 절기 규정은 안식일에 근거한 절기 이해라고 볼 수 있다. 이 점을 더욱 뒷받침하는 것은 "아무 노동도 하지 말라"는 표현이다. 23장에서 제시하는 안식일 규례의 핵심은 '아무 일도 하지 않는 것'이다(23:3). 이 규정은 이어서 소개되고 있는 절기들에 공통되게 반복되고 있다(23:7-8,21,25,28-31,35-36). 이와 더불어 안식일을 상징하는 숫자 "7" 역시 다른 절기들에도 중요한 역할을 하고 있다. 칠 일 동안 절기가 지켜지거나(무교절, 초막절), 일곱 안식일 이후에 절기의 날이 오고(칠칠절), 일곱 째 달에 절기가 있다(나팔절, 속죄일, 초막절). 그러므로 23장의 절기는 안식일에 근거하고 있다고 말할 수 있다.

3절에서 안식일은 "샤바트 샤바톤"이라고 불린다. 3절 후반절은 이 날을 가리켜 "여호와의 안식일"이라고 부르는데, 여기서의 "안식일"은 "샤바트"를 옮긴 것이다. 이를 볼 때, 하나님께서 명하신 안식 중에서 가장 온전하고 완전한 안식의 순간이 일곱째 날의 안식일이며, 이것이 "샤바트 샤뱌톤"의 의미라고 이해할 수 있을 것이다(참고. 레 16:31; 23:32).

또한 이 날은 "성회"로 불린다. 이 표현은 여호와께 구별된 거룩한 시간 혹은 거룩한 시기를 의미한다고 할 수 있다. 완전한 안식의 날이며, 여호와께 구별된 거룩한 때이기에, 이 날에는 어떤 노동도 행해져서는 안 된다. 우리말 번역으로 인해 우리는 안식일의 핵심적인 사항으로 어떤 정기적인 집회를 연상하게 된다. 그러나 이 용어가 집중적으로 쓰이고 있는 레위기 23장과 민수기 28-29장에서 이 표현이 항상 '아무 일도 하지 말라'라는 명령을 수반하고 있다는 점을 주목해야 할 것이다(출 12:16; 레 23:3,7,8,21,24-25,27-31,35,36; 민 28:18,25,26; 29:1,7,12). 이러한 성회는 레위기 23:36과 민수기 29:35에서 "대회"라고도 불리며, 동일한 표현이 느헤미야 8:18에서도 쓰이고 있다. 느헤미야서를 볼 때, 그 일하지 않는 날 공동체가 모여 특별한 모임을 했을 것임을 짐작할 수 있다. 이 점은 요엘서 1:14; 2:15에서도 볼 수 있다. 그러나 레위기 23장의 안식일 규례에서는 안식일이 이스라엘이 "거주하는 각처에서" 이루어져야 한다고 규정한다는 점에서, 예루살렘 성전 같은 특정한 장소에 모이는 대대적인 집회를 떠올리기는 어렵다고 해야 할 것이다. 그러므로 "성회"로 번역된 히브리말 "미크라 코데쉬"라는 표현의 알맹이는 어떤 모임 자체라기보다는 일하지 않는 날이라는 데에 있다고 보아야 할 것이다. 안식은 예배하는 날에 초점이 있는 것이 아니라 일하지 않는 날에 초점이 있다는 것이다.

종종 사람들은 쉼과 자유케 함이 거룩인 것을 망각하고, 무슨 일을 하면 안 되는 율법의 규정을 '지켜야' 하는 날로 안식일을 바꾸어 버린다. 그런 점에서 "이는 너희가 거주하는 각처에서 지킬 여호와의 안식일이니라"에서 보듯, 마소라 본문에 없는 "지킬"을 개역개정판이 편의상 첨가한 것은 아쉽다. 만일 번역의 편의상 어떤 낱말이 들어와야 한다면 오히려 "누릴"이나 "드릴"이 더 나을 것이다. 안식일은 또 다른 어떤 규례를 '지키는' 날이 아니라, 완전한 안식을 누리는 날이기 때문이다. 그러므로 여호와께서 불러 내신 구별된 하나님의 백성으로 살아간다는 것은 일주일에 하루 완전한 쉼을 누리되, 이러한 안식을 거룩히 여길 줄 아는 삶이라고 할 수 있다. 내가 쉬고 나의 종들이 쉬고 나의 가축들이 쉬는 것은 여호와께서 정하신 거룩한 시간의 한 부분이다. 우리에게는 다른 일을 하지 않는 날이 꼭 필요하다. 그런데 우리는 그 날마저도 목적지향적으로 쉬는 것을 지켜야 하는 날로 만든다. 하나님이 쉼을 의무로 만드신 것은 하던 일을 내려놓고 아무 것에도 쫓기지 말고 푹 쉬라는 것이며, 그를 위해 그 날 양식까지도 주신다 하신 것인데, 우리는 그 날마저 목적지향적 날로 만들어 버리는 것이다. 그래서 이 역시 성취 과제로 만들어 버리는데, 이것은 성과주의의 또 다른 모습이라고 할 수 있다(한병철 69).

쉼 없는 노동은 노동과 사람을 소외시키고 노동을 고역으로 만들어 버린다. 노동에 쉼이 없어진 까닭은 무한정한 성과와 무한정한 욕망 추구에서 비롯될 것이다. 내가 쉬고 나의 종들이 쉬고 나의 가축들이 쉬는 것은 여호와께서 정하신 거룩한 시간의 한 부분이다. 일주일에 한 번씩 오는 안식이 확장된 것이 7년마다 지키는 안식년이다(레 25:1-7). 일 년을 통째로 쉬게 하신 것이다. 안식일과 안식년은 이스라엘로 하여금 쉼을 통해 자신과 삶을 돌아볼 수 있는 시간을 충분히 주시는 것으로 이해할 수 있다. 여호와께서 불러 내신 구별된 하나님 백성으로 살아간다는 것은 일주일에 하루, 칠 년에 일 년 완전한 쉼을 누리되, 이러한 안식을 거룩히 여길 줄 아는 삶이다.

한 가지 더 주목해야 할 것은 "너희가 거주하는 각처에서"라는 표현이다. 이 표현은 다른 절기들에도 쓰이고 있다(레 23:14, 21, 31). 안식일을 비롯한 절기에 제사가 드려지기에 성막이나 성전이 중요한 공간이지만, 기본적으로 이 절기들은 이스라엘이 살아가는 각 거처에서 지켜진다. 그런 점에서 일상 속에서 지켜지는 것이 절기의 중요한 부분이라고 할 수 있다. 첫머리에 언급했던 바, 절기 준수가 그 비중에도 불구하고 제사장들을 향한 명령이 아니라, 이스라엘 회중 전체에게 명령이 주어진다는 점, 그리고 절기 준수의 장소로 성막이 아니라 이스라엘의 각 거처가 규정된다는 점에서, 그런데도 안식일이 "성회"로 불려진다는 점에서, 하나님께서 정하신 특별한 때는 이스라엘의 일상과 단단히 결합되어 있음을 알 수 있다. 이스라엘이 살아가는 곳 어디에서건, 제사장이 곁에 있건 없건, 그들은 여호와 앞에서 살아가며 여호와께서 명하신 절기를 지키며 기념한다. 하나님께서 정하신 특별한 시간이 절기이지만, 이 절기는 일상에 뿌리 내리고 있다.

이 점이 특히 두드러지게 되는 것은 더 이상 성전이 존재하지 않는 바벨론

포로기라고 할 수 있을 것이다. 성전이 있는 예루살렘이 거룩한 곳임에 분명하지만, 23장의 절기 규정들은 이스라엘이 거주하는 곳 어디든지 여호와의 거룩한 절기를 지킬 장소임을 분명히 증거하고 있다. 이를 생각하면 23장은 이스라엘의 절기를 모든 백성들의 것으로 만들며(democratizing), 일상의 것으로 만들고 있다고 볼 수 있다. 제사장과 같은 특정한 계층의 역할이나, 성전과 같은 특정한 장소의 역할이 최소화되고, 모든 이스라엘에 의해 감독되고 그들을 통해 어디에서건 지킬 수 있는 규정의 성격을 지니고 있기 때문이다. 아울러 그 날에 자신과 종과 가축까지 모두 쉬며 성회를 지킨다는 점에서, 안식일 절기는 단지 개인이 쉬는 것만이 아니라 공동체적인 쉼과 자유케 함의 날이라고 할 수 있다. 각자의 일상 속에서 공동체적으로 쉼을 누리게 되는 것이다.

정리하자면, 레위기 23장 안식일 규례의 핵심은 세 가지이다: 아무 일도 하지 말라, 이레째 되는 날, 너희 거주하는 각처에서 지키라. 모두의 쉼이 그 핵심이며, 이것이 이레째 마다 온다는 것은 하나님의 쉼을 본받은 것으로 하나님의 완전하심을 반영하고 있음을 의미한다. 그리고 거주하는 각처에서 지킨다는 것은 이스라엘의 일상에서 이루어진다는 것을 의미한다. 그것이 레위기가 제시하는 안식일 규정의 의미이다.

레위기 절기와 안식일

23장에 다루어지는 절기들이 안식일 패턴을 따르고 있다는 것은 이러한 안식일 정신이 절기의 근본에 놓여 있음을 보여주고 있는 것이라고 할 수 있다. 그러므로 안식일의 의미를 깊이 묵상하는 것은 절기의 의미를 묵상하는 것과 직결된다. 흔히 한국의 교회는 안식일은 주일로 바꾸어 지키지만, 다른 절기들에 대해서는 무심한 경우가 많은데, 이는 정당하지 않다고 해야 할 것이다. 절기들이 안식일의 패턴을 따르는 한, 안식일이 살아 있으면, 절기도 살아 있다. 절기들을 신약적으로 재해석한다면, 안식일도 신약적으로 재해석되어야 한다. 안식일을 지킨다는 것은 날짜를 지키는 것이거나 하루를 특별한 날로 여기는 것이 아니라, 참된 쉼이 하나님 닮아감임을 기억하는 것이며, 내가 쉴 뿐 아니라 다른 사람들, 특히 사회적으로 쉽지 않은 처지에 있는 사람들로 하여금 몸과 마음의 진정한 쉼을 누리게 하는 것을 의미한다고 볼 수 있다.

26장의 첫머리는 19:3-4와 19:30에 있는 내용을 다시 반복하고 있다고 할 수 있다. 26:1-2은 19장의 첫머리와 끝머리에 있는 말씀을 연결시키면서, 19장에서 제시된 거룩한 삶에 대한 말씀을 이어받고 있다고 할 수 있다. 17-26장이 거룩한 삶에 대해 말하고 있거니와 적게는 19장을 통해 그 거룩한 삶이 소개되었고, 크게는 19장에서 26:2까지 그 거룩한 삶의 내용이 제시되고 있다고 볼 수 있다. 이렇게 거룩한 삶을 끝맺는 마지막 구절인 26:1-2는 우상 숭배 금지와 안식일 준수를 다루고 있다. 1절은 우상의 본질이 "자기를 위하여"임을 분명히 한다. 사람들이 만드는 모든 신상과 주상, 목상의 근본적인 동기는 자기를 위한 종교, 자기를 위한 신앙이다. 자신이 바라고 구하고 찾는 어떤 소망이나 바램의 성취를 자신이 만들어내고 자신이 제조한 우상에게 빌고 구하고 바라는 것이다. 그러므로 이러한 우상의 본질은 결국 인간 욕망의 외적인 투영이요 투사일 뿐이다. 출애굽한 이스라엘이 모세의 부재 시에 아론과 더불어 만들었던 금송아지가 여호와 하나님을 상징하면서 동시에 "자기를 위하여" 만든 금 신(출 32:31)이었음을 고려한다면, 이 문제는 단순히 타종교와 여호와 신앙의 갈등이지 않음을 깨닫게 된다. 문제는 타종교에 대한 거부나 공격이지 않다. 문제는 욕망의 충족을 위해 종교를 이용하고 신을 부르는 것이다. 우상 숭배 거부의 초점은 타종교 배격이 아니라, 자기를 위한 신앙, 자기 욕망 충족을 위한 신앙에 대한 결연한 배격이다.

안식일의 중요성을 앞에서 보았거니와, 여기서 안식일은 단지 안식일 하루를 가리키지 않을 것이 분명하다. 23장에서 보듯, 이스라엘의 절기들은 안식일에 근거하여 규정되었으며, 안식일의 확장이 안식년이었고, 가장 큰 안식년이 바로 희년이었다. 그러므로 안식일을 지킬 것을 다시금 확인하고 있는 26:2은 단지 안식일만을 가리키는 것이 아니라 안식일을 그 근본에 두고 있는 모든 절기들과 안식년, 희년을 모두 포함하고 있는 말씀이라고 해야 할 것이다. 안식일의 근본 정신에 자유와 해방, 하나님께 대한 경외가 있고, 이러한 정신이야말로 이스라엘의 절기들과 안식년, 희년의 근본 정신이다.

레위기 23장과 25장 절기 규례의 특징은 안식일에 기반한 설명임을 보았다. 안식일의 의미에 대해 레위기는 전혀 소개하지 않되, 아무 일도 하지 않는 날, 이레째 되는 날, 이 두 가지 특징을 두드러지게 강조한다. 이레째 마다 돌아오는 안식일, 그리고 이것의 확장은 매 년마다 돌아오는 절기들이며, 7년마다 돌아오는 안식년이고, 가장 크게는 일곱 번의 안식년 마다 돌아오는 희년이다. 그래서 희년의 준수는 일주일마다 돌아오는 안식일의 바른 준수에 달려 있다. 구약 본문에서 희년이 언급되느냐 아니냐로 희년이 구약에서 지켜졌다 아니다 말하기 어렵다. 바른 희년 준수는 바른 안식일 준수에 좌우되기 때문이다. 느헤미야 공동체에서 안식년의 준수를 말하지만(느 10:31) 희년 준수를 언급하지는 않는다. 그것은 희년 준수를 선언하기에 오십 년 후의 희년 준수 선언이 무의미하기 때문일 수 있으며, 안식년 준수 선언이야말로 실질적으로 희년 준수 선언이라고 볼 수 있을 것이다. 그래서 느헤미야 10:31은 안식일 준수와 안식년 준수를 서로 연결시키고 있다. 거듭, 희년은 안식일의 바른 준수와 연관되어 있다.

이를 생각하면 예수께서 그 사역 내내 바리새인들과 안식일의 바른 준수 문제로 갈등하신 것을 이해하게 된다. 바리새인들은 자신들이 안식일을 바르게 지킨다고 여겼지만, 예수께서는 안식일을 어떻게 지키는 것이 바른 것인지를 몸소 보여 주셨다. 안식일은 해방과 자유, 생명의 날이다. 갇힌 자를 놓여나게 하고 포로된 자에게 자유를 선포하는 날이 안식일임을 확실히 보여주셨다. 그리고 이를 생각할 때, 예수님의 사역 첫 외침이 희년의 선포와 연관된 이사야 61장 본문인 것도 이해하게 된다(눅 4:18). 희년을 선포하신 주님께서는 사역 내내 올바른 안식일 준수를 몸소 보여주신 것이다! 다시 한번 확인하건대, 올바른 희년은 올바른 안식일부터이다.

결론

　구약의 말씀은 안식일의 핵심을 쉼에 두고 있다. 날 자체가 결정적인 것이 아니라 쉼이 결정적이다. 이를 위해 하나님께서도 일로부터 쉬셨다. 이윤 추구와는 상관 없이 그저 쉬셨다. 쉼을 격상시키고 거룩한 것으로 만드신 것이다. 잘 쉬기만 해도 하나님을 본받는 삶이다. 노동과 쉼은 서로를 위한 것이면서 동시에 독자적이기도 하다. 그 자체로 거룩하다. 그 무엇에 종속되지 않는다. 쉼은 노동을 위해 힘을 보충하는 시간이지 않다는 것이다. 종도 쉬고 집 안에 거하는 나그네도 쉰다. 출애굽기나 신명기가 초점이 다르지만 쉬게 하는 대상에는 본질적으로 일치한다. 안식년에 절로 난 소출을 먹게 되는 이들 가운데에도 종과 가축, 나그네가 포함되어 있다. 그러므로 안식의 핵심적인 초점은 쉼에 있으면서 그 쉼은 나만의 쉼이 아니라 종과 가축, 나그네에 대한 쉼이어야 한다.
　안식일은 거룩하게 지켜야 한다. 그런데 이 명령의 의미는 스스로와 다른 이들을 분주한 노동으로부터 쉬게 해야 한다는 것이다. 반드시 종과 나그네를 쉬게 하고 스스로도 수많은 일들로부터 쉼을 얻어야 하며 그것이야말로 거룩이라는 점을, 전혀 죄책감 가지지 말고 너무 일에 쫓기지 말고 확실히 쉴 것을 강조하고 있는 것이다. 그래서 그것을 창조 질서로까지 표현하고 있다. 안식의 근본은 쉼, 자유케 함에 있다. 물질적인 생산력에 의지하지 말고 충분한 쉼을 누리는 것에 있다. 그리고 이것은 피로사회를 맞서는 중요한 방편이기도 하다.

참고문헌

한병철. 『피로사회』. 문학과 지성사, 2012.

Baruch Levine. *Leviticus*. The JPS Torah Commentary. Philadelphia/New York/
　　　Jerusalem: The Jewish Publication Society, 1989.

Jacob Milgrom. *Leviticus 23-27*. The Anchor Bible 3B. Doubleday, 2001.

2장
복음서의 안식일

조석민

복음서의 안식일

조석민

들어가는 말

이 글의 목적은 예수께서 이 세상에 오셔서 하나님 나라의 말씀을 가르치시면서 안식일 규정을 어떻게 이해했는지 복음서를 중심으로 살펴보려는 것이다. 오늘날 한국개신교 안에는 아직도 주일(Sunday, the Lord's day)을 유대인들의 안식일(Sabbath)처럼 가르치며, 안식일 규정을 엄격하게 적용했던 바리새파 사람들처럼 지키고 있는 사람들이 있다.[1] 그래서 한국개신교 안에는 '주일성수'라는 말이 일상적으로 통용되며, 주일성수를 위하여 주일예배에 반드시 참석해야 하고, 주일에 일체의 노동이나, 물건을 매매하는 일과 오락을 금지했다. 그리스도인들에게 주일을 안식일로 가르치고 있는 것은 정당한가? 그리스도인들은 주일을 안식일처럼 지켜야 하는 날인가? 신약성서의 복음서에서 안식일은 어떻게 묘사되고 있는가? 안식일은 모든 그리스도인들이 율법에 명시한 대로 지켜야 하

---

1) 한국개신교의 청교도적 안식일 엄수주의에 대해서 양용의,『예수님과 안식일 그리고 주일』(서울: 이레서원, 개정판, 2011), pp. 21-23, 379-91을 참조하라.

는 날인가? 이런 질문들에 대답하기 위하여 복음서에 기술된 안식일의 의미를 살펴보며, 안식일과 주일의 문제를 복음서를 중심으로 생각해 보려는 것이다.

신약성서의 서신들을 살펴보면 초기 그리스도인들 사이에 이미 어느 정도 안식일 논쟁이 있었던 것을 짐작할 수 있다(참조. 골 2:16-17; 롬 14:5-8, 갈 4:9-11, 히 4:1-11).[2] 하지만 우리의 관심은 복음서 저자들이 기술한 안식일에 대한 묘사이다. 복음서 저자들은 각자 독특한 관점을 갖고 안식일과 관련된 예수의 행동과 말씀을 기술하고 있다. 그래서 마가복음을 시작으로 마태와 누가, 그리고 요한복음을 차례로 살펴보며 안식일에 대한 예수의 행동과 말씀을 살펴볼 것이다.[3]

이 글에서 복음서를 제외한 신약성서의 다른 부분은 주제의 범위를 넘어서기에 생략할 것이다. 다만 논의와 관련하여 필요한 경우 간략하게 언급할 것이다. 초대교회의 주일 성수와 안식일의 관계, 안식일의 기원과 개념, 구약성서의 안식일에 대해서는 참고자료를 제시하는 것으로 대신할 것이다.[4]

---

2) 골 2:16-17, "**16** 그러므로 먹고 마시는 일이나 명절이나 초승달 축제나 **안식일** 문제로, 아무도 여러분을 심판하지 못하게 하십시오. **17** 이런 것은 장차 올 것들의 그림자일 뿐이요, 그 실체는 그리스도에게 있습니다."; 롬 14:5-6, "**5** 또 어떤 사람은 이 날이 저 날보다 더 중요하다고 생각하고, 또 어떤 사람은 모든 날이 다 같다고 생각합니다. 각각 자기 마음에 확신을 가져야 합니다. **6** 어떤 날을 더 존중히 여기는 사람도 주님을 위하여 그렇게 하는 것이요, 먹는 사람도 주님을 위하여 먹으며, 먹을 때에 하나님께 감사를 드립니다. 그리고 먹지 않는 사람도 주님을 위하여 먹지 않으며, 또한 하나님께 감사를 드립니다."; 갈 4:9-11, "**9** 지금은, 여러분이 하나님을 알 뿐만 아니라, 하나님께서 여러분을 알아주셨습니다. 그런데 어찌하여 그 무력하고 천하고 유치한 교훈으로 되돌아가서, 또다시 그것들에게 종노릇 하려고 합니까? **10** 여러분이 날과 달과 계절과 해를 지키고 있으니, **11** 내가 여러분을 위하여 수고한 것이 헛될까 염려됩니다." 이 글에서 성서 본문은 새번역을 사용한다.

3) 이 글에서 누가복음의 안식일을 다루지만 누가복음과 동일한 저자의 작품인 사도행전은 다루지 않을 것이다. 사도행전에 '사바톤'은 복수 명사를 포함하여 모두 10회(1:12; 13:14, 27, 42, 44; 15:21; 16:13; 17:2<'사바톤'의 복수>; 18:4; 20:7) 등장한다. 참고로 복음서와 사도행전을 제외한 신약성서의 나머지 책에서 '사바톤'의 등장은 고전 16:2과 골 2:16이 전부이다. 양용의, 『예수님과 안식일 그리고 주일』, p. 334 각주 99에 안식일 언급과 관련하여 제시한 행 13:5은 잘못된 것이며, 롬 14:5-8, 갈 4:10, 히 4:1-11에 헬라어 '사바톤'은 실제로 사용되지 않았으며, 문맥에서 의미상 안식일로 해석할 여지가 있을 뿐이다.

4) 이런 주제들과 관련하여 S. Bacchiocchi, *From Sabbath to Sunday: A Historical Investigation of the Rise of Sunday Observance in Early Christianity* (Rome: Pontifical Gregorian University Press, 1977); H.A. McKay, *Sabbath and Synagogue: The Question of Sabbath Worship in Ancient Judaism* (Leiden: E.J. Brill, 1994); N-E. A. Andreasen, *The Old Testament Sabbath: A Tradition-Historical Investigation* (SBLDS 7; Missoula: Society of Biblical Literature, 1972)를 참조하라.

1. 마가복음

마가복음에서 '사바톤'(안식일)은 모두 12회(1:21; 2:23, 24, 27<2회>, 28; 3:2, 4; 6:2; 16:1, 2, 9) 등장한다.[5] 마가복음에서 '사바톤'이 가장 먼저 언급된 것은 1:21, "그들은 가버나움으로 들어갔다. 예수께서 **안식일**에 곧바로 회당에 들어가서 가르치셨는데"로 예수께서 가버나움에서 유대인의 회당에 들어가 사람들을 가르치신 일이다. 이런 상황은 6:2, "**안식일**이 되어서, 예수께서 회당에서 가르치기 시작하셨다. 많은 사람이 듣고, 놀라서 말하였다. '이 사람이 어디에서 이런 모든 것을 얻었을까? 이 사람에게 있는 지혜는 어떤 것일까? 그가 어떻게 그 손으로 이런 기적들을 일으킬까?'"에도 나타난다. 안식일에 사람을 가르치는 일을 규제하지 않았다는 것을 보여준다.

그 다음 안식일 본문은 **마가복음 2:23-28**에 '사바톤'이 5회 등장한다.

'**23 안식일**에 예수께서 밀밭 사이로 지나가시게 되었다. 제자들이 길을 내면서, 밀 이삭을 자르기 시작하였다. **24** 바리새파 사람이 예수께 말하였다. "보십시오, 어찌하여 이 사람들은 **안식일**에 해서는 안 되는 일을 합니까?" **25** 예수께서 그들에게 말씀하셨다. "다윗과 그 일행이 먹을 것이 없어서 굶주릴 때에, 다윗이 어떻게 하였는지를 너희는 읽지 못하였느냐? **26** 아비아달 대제사장 때에, 다윗이 하나님의 집에 들어가서, 제사장들 밖에는 먹어서는 안 되는 제단 빵을 먹고, 그 일행에게도 주지 않았느냐?" **27** 그리고 예수께서는 그들에게 말씀하셨다. "**안식일**이 사람을 위하여 생긴 것이지, 사람이 **안식일**을 위하여 생긴 것이 아니다. **28** 그러므로 인자는 또한 **안식일**에도 주인이다."'

---

5) 마가복음에서 '사바톤'의 등장 횟수와 관련하여 양용의, 『예수님과 안식일 그리고 주일』, pp. 177 각주 1, 297 각주 1, 334-35에서 모두 13회로 소개한 것은 마가복음 15:42의 '프로사바톤'(안식일 전날)을 포함시켜 잘못 계산한 결과이다.

본문의 사건은 마태복음 12:1-8과 누가복음 6:1-5에도 나타난다. 본문의 내용은 제자들이 밀밭에 나와서 그 사이로 길을 내며 지나가다가 밀 이삭을 자른 사건이다. 본문에서 왜 예수와 예수의 제자들이 행동의 자유가 제한된 안식일에 밀밭에 나왔는지 아무 설명이 없다. 제자들이 밀 이삭을 자른 이유는 25-26절의 상황을 고려하면 배가 고파서이다. 하지만 제자들이 안식일에 밀 이삭을 잘라 먹는 일이 금지된 것인 줄 모르고 한 일은 분명히 아니다(참조. 출 34:21).[6] 바리새인들은 안식일에 이삭을 자르는 일이 안식일 규정에 위반된 행위임을 알고 예수께 '당신의 제자들이 어찌하여 안식일에 해서는 안 되는 일을 하는가?' 라고 질문한다(24절). 예수께서 바리새인들의 질문에 다윗과 그의 무리들이 사울 왕에게 도망 다니던 시절 배가 고파서 성전에 들어가 제사장들만 먹을 수 있는 성전의 진설병을 먹은 사건을 제시하면서 대답을 대신한다(25-26절, 참조. 삼상 21:1-6).[7] 예수께서 제자들이 밀 이삭을 자른 행위와 다윗과 그의 무리들이 먹을 것이 없어 시장할 때 성전에서 제사장외에는 먹어서 안 되는 진설병을 먹은 사건을 연결시키면서 안식일이라도 배가 고파서 밀 이삭을 잘라 먹으면 안식일 규정을 위반한 것이 아니라고 항변하는 것이다.

이것은 예수께서 바리새인들의 엄격한 문자주의적 율법 준수, 특히 안식일 규정을 지키는 것에 대하여 안식일 규정을 지키는 것보다 안식일의 올바른 정신을 가르친 것으로 이해할 수 있다. 이런 이해는 이어지는 27절의 "**안식일**이 사람을 위하여 생긴 것이지, 사람이 **안식일**을 위하여 생긴 것이 아니다."에서 찾아 볼 수 있다. 물론 "사람을 위하여"라는 표현을 올바로 이해하고 적용할 필요는 있다. 예수께서 적용하신 "사람을 위하여"는 이 경우에 사람이 음식을 먹지 못해

---

6) W.L. Lane, *The Gospel according to Mark* (NICNT; Grand Rapids: Eerdmans, 1974), pp. 114-20; 양용의, 『마가복음 어떻게 읽을 것인가』, (서울: 성서유니온선교회, 2010), pp. 73-76을 참조하라.

7) Lane, *Gospel according to Mark*, pp. 115-20; 양용의, 『마가복음 어떻게 읽을 것인가』, pp. 73-76을 참조하라.

서 허기질 때이다. 다윗과 그와 함께한 무리들의 상황은 배가 고파서 성전에서 제사장 외에 먹어서는 안 되는 진설병을 먹은 것으로 율법 규정을 위반한 것이다. 하지만 예수께서 제자들이 밀 이삭을 잘라 먹은 일에 대하여 예를 들어 제시한 다윗 사건은 안식일 규정을 위반한 사건이 아니다. 다윗의 상황과 예수의 제자들의 상황은 매우 다른 사건이다.[8] 하지만 예수께서 두 경우를 동일한 상황으로 이해하신 것은 '인간의 굶주림'이란 상황과 율법준수의 문제이다. 그래서 예수께서 안식일 규정을 위반하며 밀 이삭을 잘라 먹은 제자들을 위하여 바리새인들에게 "**안식일**이 사람을 위하여 생긴 것이지, 사람이 **안식일**을 위하여 생긴 것이 아니다."(27절)라고 대답한 것이다. 안식일은 그 날을 지키기 위함이 아니요 인간의 필요를 채우기 위함이라는 율법 제정의 올바른 정신을 분명히 선언하신 것이다.

    더욱이 예수께서 "그러므로 인자는 또한 **안식일**에도 주인이다."(28절)라고 선언하신다. 본문은 마태복음 12:8과 누가복음 6:5에 모두 등장한다. 예수께서 안식일에 밀 이삭을 잘라 먹은 제자들의 상황을 설명 한 후에 이 말씀 하신 것을 고려하면 본문에서 '인자'('호 휘오스 투 안뜨로푸')는 '사람'을 암시한다. 28절은 '그러므로'('호스테')라는 접속사를 사용하여 27절과 연결한다.[9] 이와 같이 문맥과 연결하여 28절의 '인자'를 '사람'으로 이해할 수 있지만 본문에는 그 이상의 의미가 있는 것처럼 보이기도 한다.[10] 본문에서 예수는 안식일 예외 규정이 있음을 보여준다. 본문에 의하면 그 예외 규정에 해당하는 것은 인간을 굶주림에서 해

---

8) J.R. Edwards, *The Gospel according to Mark* (Leicester: Apollos, 2002), pp. 93-97; 이민규, '사회학적 시각으로 본 마태복음에 나타난 안식일', 「신약논단」 13 (2006), pp. 16-17을 보라.

9) T.W. Manson, 'Mark ii. 27f', in *Coniectanea neotestamentica* XI (1947), pp. 138-46; M. Hooker, *The Son of Man in Mark* (London: SPCK, 1967), pp. 94-102를 참조하라.

10) 물론 아직도 복음서의 '인자'가 누구인지에 대해서는 논쟁이 계속되고 있다. H.E. Töt, *The Son of Man in the Synoptic Tradition* (trans., D.M. Barton; London: SCM, 1965); D.R.A. Hare, *The Son of Man Tradition* (Minneapolis: Fortress Press, 1990)을 참조하라.

방시키는 일이다.

마가복음 3:1-6에서 예수는 안식일에 한쪽 손이 오그라든 사람을 고쳐 주신다.

'1 예수께서 다시 회당에 들어가셨다. 그런데 거기에 한쪽 손이 오그라든 사람이 있었다. 2 사람들은 예수를 고발하려고, 예수가 **안식일**에 그 사람을 고쳐 주시는 지를 보려고, 예수를 지켜보고 있었다. 3 예수께서 손이 오그라든 사람에게 말씀하셨다. "일어나서 가운데로 나오너라." 4 그리고 예수께서 그들에게 말씀하셨다. "**안식일**에 선한 일을 하는 것이 옳으냐? 악한 일을 하는 것이 옳으냐? 목숨을 구하는 것이 옳으냐? 죽이는 것이 옳으냐?" 그들은 잠잠하였다. 5 예수께서 노하셔서, 그들을 둘러보시고, 그들의 마음이 굳어진 것을 탄식하시면서, 손이 오그라든 사람에게 말씀하셨다. "손을 내밀어라." 그 사람이 손을 내미니, 그의 손이 회복되었다. 6 그러자 바리새파 사람들은 바깥으로 나가서, 곧바로 헤롯 당원들과 함께 예수를 없앨 모의를 하였다.'

본문에 '사바톤'은 모두 2회 언급된다. 본문의 내용은 예수께서 안식일에 회당에 들어가셔서 "한쪽 손이 오그라든 사람"을 고쳐주신 사건이다. 이 사건의 기록 역시 마태복음 12:9-14과 누가복음 6:6-11에 등장한다. 2절의 "사람들"은 6절에 의하면 바리새파 사람들을 포함한 일반 유대인들이다. 아마도 예수를 고발하려는 사람들의 중심에는 바리새인들이 있었던 것으로 생각된다. 바리새인들은 예수께서 안식일에 사람을 고쳐주시는가 주목하고 있었다(2절). 당시 바리새인들은 안식일일지라도 사람들의 병을 고쳐주는 일을 금지한 것을 알 수 있다. 그러나 예수께서 안식일이지만 회당에서 "한쪽 손이 오그라든 사람"을 고쳐주신다(5절). 이 사건에서 주목할 것은 예수께서 병자를 사람들 가운데 일어서게 한 후 "**안식일**에 선한 일을 하는 것이 옳으냐? 악한 일을 하는 것이 옳으냐? 목숨을 구하는 것이 옳으냐? 죽이는 것이 옳으냐?"(4절)라고 질문 한 것이다. 하지만 사람들은 예수의 질문에 아무도 대답을 하지 않고 잠잠했다. 예수께서 그들의 마음을 아신 후 "그들의 마음이 굳어진 것을 탄식하시면서"(5절) "한쪽 손 오그라든 사람"을 고쳐주셨다. 예수께서 분노하신 것은 안식일 규정을 지킨다고 하면서 사람의 생명을 경시하는 그들의 악한 마음을 보았기 때문이다. 율법의 본래 정신은 호세아 6:6, "내가 바라는 것은 변함없는 사랑이지, 제사가 아니다. 불살라 바치는 제사보다는 너희가 나 하나님을 알기를 더 바란다."에 기술한 것처럼 그 규정 자체만을 문자적으로 지키는 데 있지 않다는 것을 보여준다. 예수께서 가르치신 것은 안식일이라도 선을 행하는 것과 사람의 생명을 구하는 일은 계속되어야 하고 금지할 수 없다는 것이다.[11]

마가복음에서 '사바톤'이 마지막 등장하는 본문은 **16:1**, "**안식일**이 지났을 때에, 막달라 마리아와 야고보의 어머니 마리아와 살로메는 가서 예수께 발라드리려고 향료를 샀다."이다. 이 본문은 당시 안식일 규정을 지키는 일반적인 상황을 소개하고 있다. 안식일에 예수의 무덤에 가서 예수의 시신에 향품을 바르지 않은 이유가 안식일 규정을 지키기 위한 것임을 보여준다. 신약시대 초기에 안식일 규정이 어느 정도 일반적으로 지켜지고 있었던 것을 알 수 있다. 하지만 이미 서두에서 언급한 것처럼 안식일 엄수 규정은 초대교회 당시에 이미 논쟁 속에 휩싸이게 되었다(참조. 골 2:16-17; 롬 14:5-8, 갈 4:9-11, 히 4:1-11).

요약하면 마가는 첫째, 예수께서 안식일에 회당에 가서 가르치신 일을 묘사하면서 이 일이 금지되지 않았음을 보여준다. 둘째, 마가복음 2:23-28에서 제자들이 밀 이삭을 잘라 먹은 일을 통해서 안식일에 사람의 굶주림을 해방시켜 주는 일은 안식일 규정의 예외임을 암시한다. 동시에 안식일이 사람의 필요를 위하여 제정되었다는 율법의 정신을 알려준다. 셋째, 안식일에 사람의 병을 고쳐주

---

11) Edwards, *Gospel according to Mark*, pp. 98-102를 참조하라.

시면서 안식일에 병을 고쳐주는 일은 선한 일이며, 생명을 구하는 일이기에 안식일 규정에서 예외가 된다는 것을 알려준다.

2. 마태복음

마태복음에 '사바톤'(안식일)은 모두 11회(12:1, 2, 5<2회>, 8, 10, 11, 12; 24:20; 28:1<2회>) 등장한다.[12] 마태복음에서 '사바톤'이 처음 등장하는 본문은 12:1-8로 모두 5회 나타난다.[13]

'**1** 그 무렵에 예수께서 **안식일**에 밀밭 사이로 지나가셨다. 그런데 제자들이 배가 고파서, 밀 이삭을 잘라서 먹기 시작하였다. **2** 바리새파 사람이 이것을 보고 예수께 말하였다. "보십시오. 당신의 제자들이 **안식일**에 해서는 안 되는 일을 하고 있습니다." **3** 예수께서 그들에게 말씀하셨다. "다윗과 그 일행이 굶주렸을 때에, 다윗이 어떻게 했는지를, 너희는 읽어보지 못하였느냐? **4** 다윗이 하나님의 집에 들어가서, 제단에 차려 놓은 빵을 먹지 않았느냐? 그것은 오직 제사장들 밖에는, 자기도 그 일행도 먹어서는 안 되는 것이었는데 말이다. **5** 또 **안식일**에 성전에서 제사장들이 **안식일**을 범해도 그것이 죄가 되지 않는다는 것을, 율법책에서 읽어보지 못하였느냐? **6** 내가 너희에게 말한다. 성전보다 더 큰 이가 여기에 있다. **7** '나는 자비를 원하고, 제사를 원하지 않는다.' 하신 말씀이 무슨 뜻인지 알았더라면, 너희가 죄 없는 사람들을 정죄하지 않았을 것이다. **8** 인자는 **안식일**의 주인이다.'"

이 본문은 마가복음 2:23-28과 누가복음 6:1-5에 기술된 것과 같은 내용으

---

12) 마 28:1에 2회 등장하는 '사바톤'에서 한 번은 '안식일'의 의미가 아니라 '주간 중 첫째 날' 즉 '주간'(a week) 의 의미로 사용되었다.
13) 이 본문에 대한 자세한 주석적 논의는 양용의, 『예수님과 안식일 그리고 주일』, pp. 202-239를 참조하라.

로 예수의 제자들이 안식일에 밀 이삭을 잘라 먹은 사건이다. 본문의 내용은 마가복음 2:23-28의 사건을 따라 묘사하면서도 분명한 차이를 드러내고 있다. 마태는 마가의 기록을 참조하여 기록하면서 의도를 갖고 자기 나름의 시각으로 이 사건을 기술하고 있다.

첫째, 마태는 마가와 달리 예수의 제자들이 안식일에 배가 고파서 밀 이삭을 잘라 먹었다는 정보를 처음부터 제공한다. 제자들의 배고픔을 기술한 것은 다윗의 사건과 연결시키면서 안식일이지만 배가 고파서 밀 이삭을 잘라 먹은 것이 정당하다는 것을 제시하려는 의도인 것을 알 수 있다.[14] 하지만 예수와 예수의 제자들이 왜 안식일에 밀밭으로 나갔는지에 대한 정보에 대해서는 역시 마가와 동일하게 침묵한다. 또한 마태 역시 마가와 동일하게 예수께서 제자들이 안식일에 밀 이삭을 잘라 먹은 사건과 다윗과 그 일행이 성전의 진설병을 먹은 일이 전혀 다른 일이지만 함께 연결시켜서 제자들의 행위를 정당화한 것을 볼 수 있다.

둘째, 마태는 마가복음 2:24의 질문형을 단순한 서술형으로 바꾸어 묘사하면서 바리새인들의 안식일에 대한 단호하고 엄격한 입장을 강조한다(참조. 눅 6:2). 마태의 의도는 바리새인들이 율법의 규정, 특히 안식일 규정과 관련하여 얼마나 엄격한 태도를 갖고 있는지 보여주려는 의도가 있다. 하지만 바리새인들의 율법에 대한 태도는 율법의 정신을 올바로 이해하지 못하고 형식에 치우친 문자주의적 율법준수 및 위선적 태도에 머물러 있음을 알 수 있다. 그러므로 예수는 바리새인들의 형식적 율법준수와 위선적 태도를 마태복음 23:1-39에서 엄중하게 책망하신다.[15]

셋째, 마태는 마가가 제공하지 않은 많은 내용을 12:5-7에서 소개한다. 이

---

14) 이민규, '사회학적 시각으로 본 마태복음에 나타난 안식일', p. 15를 참조하라.
15) 양용의, 『마태복음 어떻게 읽을 것인가』 (서울: 성서유니온선교회, 2005), pp. 382-97을 참조하라.

부분은 마태의 분명한 의도가 담긴 진술이다. 마태는 안식일 논쟁을 예수가 누구신가에 대한 기독론 논쟁으로 바꾸어 마무리하면서 예수의 정체성을 제시한다. 마태는 특별히 "또 안식일에 성전에서 제사장들이 **안식일**을 범해도 그것이 죄가 되지 않는다는 것을, 율법책에서 읽어보지 못하였느냐?"(5절)라는 질문을 통해서 제사장들에게 노동금지 규정에 대한 예외가 적용되었다는 것을 보여준다. 예수는 바리새인들의 규정보다도 구약성서의 율법 자체를 언급한 것이다(참조. 민 28:9-10).[16] 예수는 6절에서 자신을 가리켜서 "성전보다 더 큰 이가 여기에 있다."고 말씀하시면서 만일 제사장들이 안식일에 하나님께 희생 제사를 드리기 위하여 노동하는 것이 허락되었다면 성전보다 더 큰 권위를 갖고 있는 예수와 그를 따르는 제자들은 성전에서 일하는 제사장들처럼 안식일을 범해도 죄가 되지 않는다는 것을 지적한다.[17] 마태는 7절에서 마가복음과 누가복음에서 찾아볼 수 없는 호세아 6:6, "내가 바라는 것은 변함없는 사랑이지, 제사가 아니다. 불살라 바치는 제사보다는 너희가 나 하나님을 알기를 더 바란다."을 인용한다. 마태는 호세아서 인용을 통하여 바리새인들의 형식적이고 문자주의적인 위선적 율법준수, 특히 안식일 규정에 대한 그들의 그릇된 태도를 지적한 것이다. 안식일 논쟁에 대한 예수의 결론은 8절의 "인자는 **안식일**의 주인이다."이다. 이 결론에서 예수는 '인자'를 자신에게 적용하는 듯하다. 하지만 안식일 규정을 위반했다는 바리새인들의 주장에 대한 논박으로 말씀하신 문맥을 고려하면 "인자"는 마가복음 2:28에서처럼 "사람" 곧 제자들을 의미할 수도 있다.

그 다음 마태복음의 안식일 본문은 이어지는 12:9-14로 '사바톤'이 모두 3

---

16) 민 28:9-10, "안식일에도 일 년 된 흠 없는 어린 숫양 두 마리를, 기름으로 반죽한 고운 밀가루 십분의 이 에바의 곡식제물과, 거기에 맞는 부어 드리는 제물과 함께 바쳐라. 안식일에는, 날마다 바치는 번제와 부어 드리는 제물 외에, 안식일 번제를 따로 바쳐야 한다."

17) R.T. France, *The Gospel according to Matthew: An Introduction and Commentary* (TNTC; Leicester: Inter-Varsity Press, 1985), p. 203; W.D. Davies and D.C. Allison, *Matthew: A Shorter Commentary* (London: T & T Clark International, 2004), p. 192; 양용의,『마태복음 어떻게 읽을 것인가』, p. 211을 참조하라.

회 등장한다.[18]

> '9 예수께서 그 곳을 떠나서, 그들의 회당에 들어가셨다. 10 그런데 거기에 한쪽 손이 오그라든 사람이 있었다. 사람들은 예수를 고발하려고 "**안식일**에 병을 고쳐도 괜찮습니까?" 하고 예수께 물었다. 11 예수께서 그들에게 말씀하셨다. "너희 가운데 어떤 사람에게 양 한 마리가 있다고 하자. 그것이 **안식일**에 구덩이에 빠지면, 그것을 잡아 끌어올리지 않을 사람이 어디에 있겠느냐? 12 사람이 양보다 얼마나 더 귀하냐? 그러므로 **안식일**에 좋은 일을 하는 것은 괜찮다." 13 그런 다음에, 손이 오그라든 사람에게 말씀하셨다. "네 손을 내밀어라." 그가 손을 내미니, 다른 손과 같이 성하게 되었다. 14 그래서 바리새파 사람들은 밖으로 나가서, 예수를 없앨 모의를 하였다.'

이 본문은 마가복음 3:1-6과 누가복음 6:6-11에 묘사된 사건과 동일한 것이다. 마태는 '한쪽 손 오그라든 사람'을 치유한 사건을 묘사하면서 마가복음의 자료를 사용하고 있는 것을 알 수 있다. 마가복음의 내용과 마태의 진술 사이의 차이는 첫째, 마가복음에서 바리새파 사람들이 예수께서 안식일에 병자를 치료하는지 주목하고 있다는 묘사와 달리 마태는 바리새파 사람들이 예수께 "**안식일에 병을 고쳐도 괜찮습니까?**"(10절)라고 적극적으로 질문하고 있는 것으로 기술한다. 이미 바리새파 사람들이 예수와 그의 제자들이 안식일에 금지하고 있는 행동을 하고 있다는 부정적인 편견이 있음을 알 수 있다.

둘째, 마태는 마가가 제시하지 않는 안식일에 구덩이에 빠진 양 한 마리의 비유를 제공한다. 안식일에 병을 고치는 일과 구덩이에 빠진 양을 구하는 일을 비교한 것이다. 사람들은 일반적으로 안식일에 양이 구덩이에 빠지면 그 양을

---

18) 이 본문에 대한 자세한 주석적 논의는 양용의, 『예수님과 안식일 그리고 주일』, pp. 239-61을 참조하라.

구한다. 11절은 당시의 상황을 그대로 반영하고 있다. 당시에 구덩이에 빠진 양을 안식일에 구한 이유는 양의 생명을 사랑하기 때문이라고도 할 수 있겠지만, 오히려 농경사회의 현실 속에서 양의 경제적 가치를 먼저 계산한 결과로 이해할 수도 있다.[19] 안식일에 구덩이에 빠진 동물의 고통에 관심이 있는 것이 아니라 자신의 사유재산 손실에 관심이 있었다는 의미이다. 예수는 사유재산은 안식일 규정을 위반하면서라도 적극적으로 지키는 사람들이 안식일에 고통당하는 이웃에 대해서는 관심이 없었다는 것을 지적한 것이다. 예수는 안식일에 한쪽 손이 오그라든 사람을 치유해 주시며 안식일 준수에 대한 바리새파 사람들의 위선을 폭로한 것이다. 그러므로 바리새파 사람들에게 예수는 "사람이 양보다 얼마나 더 귀하냐? 그러므로 **안식일**에 좋은 일을 하는 것은 괜찮다."(12절)라고 말씀하신 것이다. 예수는 그 말씀대로 안식일에 한쪽 손이 오그라든 사람을 치료해 주시며 행동으로 안식일의 정신을 보여주신 것이다.

마태복음의 안식일 논쟁에서 24:20, "너희가 도망하는 일이 겨울이나 **안식일**에 일어나지 않도록 기도하여라."는 매우 중요한 의미가 있다.[20] 이 말씀은 마태공동체가 안식일 준수 규정을 매우 엄격하게 지키고 있었다는 것을 보여주는 증거 본문으로 제시하기에는 미흡해 보인다. 그 이유는 안식일의 언급과 함께 먼저 "겨울"이라는 상황을 말하고 있기 때문이다. 마태가 언급한 "도망하는 일"은 생명의 위협을 느끼는 상황 속에서 피하는 일임을 알 수 있다. 바로 앞의 본문인 마태복음 24:19, "그 날에는 아이를 밴 여자들과 젖먹이를 가진 여자들은 불행하다."를 고려하여 24:20을 이해하면 안식일에 어린아이와 임산부는 환란을 피해 도망하는 일이 현실적으로 어렵다는 것을 암시하는 것으로 이해하는 것이 자연스럽다.[21] 그 이유는 추운 겨울이나 안식일에 생명의 위협을 피하기 위하여

---

19) 이민규, '사회학적 시각으로 본 마태복음에 나타난 안식일', pp. 20-21을 참조하라.
20) 이 본문과 관련된 학자들의 다양한 견해는 양용의, 『예수님과 안식일 그리고 주일』, pp. 281-95를 참조하라.
21) 물론 마 24:19의 "그 날"은 역사의 종말인 심판의 날을 의미하며, 동시에 예루살렘의 멸망을 암시한다. 하지

도망하는 일이 발생하면 일반적으로 생명을 유지하기 어렵기 때문이다. 실제로 팔레스타인의 겨울은 우기로 진흙과 빗물로 인하여 길이 도보로 걷기에는 평소보다 험악해진다. 이런 점에서 이 본문은 마태공동체의 엄격한 안식일 규정 준수를 보여주기 보다는 삶의 현실적인 어려움을 반영하여 기도하도록 권면한 내용으로 이해할 필요가 있다.

　마지막으로 마태복음의 안식일 본문은 28:1, "**안식일**이 지나고, **이레의 첫 날** 동틀 무렵에, 막달라 마리아와 다른 마리아가 무덤을 보러 갔다."이다. 이 본문은 마가복음과 마찬가지로 안식일에 예수의 무덤에 가지 않았다는 것을 기술하면서 당시에 안식일 규정이 일반적으로 지켜지고 있음을 보여주는 내용이다. "이레의 첫 날"에 사용된 '사바톤'은 안식일이 아니라 '주간'(a week)을 의미한다.

　요약하면, 첫째, 마태복음에서 안식일 준수 규정과 관련하여 마가복음에서 소개하고 있는 예수께서 안식일에 회당에서 가르치는 일은 분명한 언급이 없다. 둘째, 마태는 안식일에 예수의 제자들이 밀 이삭을 잘라 먹은 일에 대하여 마가의 기술을 따르면서 안식일에 사람의 굶주림을 해방시켜 주는 일은 안식일 규정의 예외임을 가르치면서, 특별히 안식일 규정의 정신을 강조한다. 셋째, 마태는 예수께서 한쪽 손이 오그라든 사람을 고쳐주신 사건을 기록한 마가의 기술을 따르면서 안식일에 사람의 병을 고쳐주는 일은 생명을 구하는 일이기에 안식일 규정에서 예외가 된다는 것을 알려준다. 넷째, 마태복음 24:20은 안식일 규정의 엄격한 준수를 보여주기 보다는 현실적인 필요를 고려한 기도의 권면으로 이해할 필요가 있다.

만 동시에 "그 날"은 생명을 유지하려고 도망하는 일이 있는 날이기도 하다. France, *Gospel according to Matthew*, pp. 333-36, 341을 참조하라.

3. 누가복음

누가복음에 '사바톤'(안식일)은 모두 20회(4:16, 31; 6:1, 2, 5, 6, 7, 9; 13:10, 14<2회>, 15, 16; 14:1, 3, 5; 18:12; 23:54, 56; 24:1)[22] 등장한다.[23] 누가복음에서 '사바톤'이 가장 먼저 등장하는 본문은 4:16, "예수께서는, 자기가 자라나신 나사렛에 오셔서, 늘 하시던 대로 **안식일**에 회당에 들어가셨다. 그는 성경을 읽으려고 일어서서"이다. 이 본문에서 누가는 안식일에 보여준 예수의 습관적 행동을 소개한다. 누가복음에만 나타나는 이 표현은 예수께서 안식일 규정을 지키려고 회당에 가셨다는 의미는 아니다. 누가는 마가복음과 유사하게 예수께서 안식일에 구약성서의 한 부분을 읽고 가르치셨다는 것을 보여준다. 이 본문은 예수 당시 사람들이 안식일에 습관적으로 회당에 모인 사실을 보여준다. 예수께서 안식일에 사람들을 가르치셨다는 것은 4:31, "예수께서 갈릴리의 가버나움 동네로 내려가셔서, **안식일**에 사람들을 가르치셨다."는 기록에서도 찾아 볼 수 있다. 안식일에 사람들을 가르치는 일은 금지되지 않았음을 분명히 보여준다.

누가복음의 또 다른 안식일 본문은 6:1-5으로 '사바톤'이 모두 3회 등장한다.

'1 한 **안식일**에 예수께서 밀밭 사이로 지나가시게 되었다. 그런데 그의 제자들이 밀 이삭을 잘라, 손으로 비벼서 먹었다. 2 그러자 몇몇 바리새파 사람이 말하였다. "어찌하여 당신들은 **안식일**에 해서는 안 되는 일을 합니까?" 3 예수께서 그들에

---

22) 눅 24:1의 '사바톤'은 '안식일'의 의미가 아니라 '주간 중 첫째 날' 즉 '주간'(a week)의 의미이다(참조. 마 28:1).

23) M. Turner는 'The Sabbath, Sunday, and the Law in Luke/Acts', in D.A. Carson (ed.), *From Sabbath to Lord's Day: A Biblical, Historical and Theological Investigation* (Grand Rapids: Zondervan, 1982), pp. 99-157. 특히 p. 100에서 Turner는 누가복음의 '사바톤' 횟수를 21회로 제시하지만 이것은 눅 6:5을 2회로 잘못 계산한 결과이다.

게 대답하셨다. "다윗과 그 일행이 주렸을 때에, 다윗이 한 일을 너희는 읽어보지 못하였느냐? **4** 다윗이 하나님의 집에 들어가서, 제사장들 밖에는 먹어서는 안 되는 제단 빵을 집어서 먹고, 자기 일행에게도 주지 않았느냐?" **5** 그리고 예수께서 그들에게 말씀하셨다. "인자는 **안식일**의 주인이다."'

이 본문과 동일한 사건이 마가복음 2:23-28과 마태복음 12:1-8에도 나타난다. 누가는 비교적 충실하게 마가의 본문을 그대로 따르고 있다. 다만 누가는 마가복음 2:27, "그리고 예수께서는 그들에게 말씀하셨다. "**안식일**이 사람을 위하여 생긴 것이지, 사람이 **안식일**을 위하여 생긴 것이 아니다."를 생략한다. 예수의 제자들이 안식일에 밀 이삭을 잘라 먹은 사건에 대한 기록은 누가가 가장 짧고, 마태가 가장 길게 소개한다. 하지만 안식일에 대한 교훈의 결론은 모두 동일하다. 안식일에 사람의 굶주림을 채우는 일은 안식일 예외 규정에 해당한다는 암시이며, 안식일은 사람을 위하여 있는 것이지 사람이 안식일을 위하여 있는 것이 아님을 가르친다(참조, 막 2:27).

이어지는 누가의 안식일 본문은 6:6-11로 예수께서 안식일에 한쪽 손이 오그라든 사람을 치유한 사건으로 '사바톤'이 3회 등장한다.

'**6** 또 다른 **안식일**에 예수께서 회당에 들어가서 가르치시는데, 거기에는 오른손이 오그라든 사람이 있었다. **7** 율법학자들과 바리새파 사람들은 예수를 고발할 구실을 찾으려고, 예수가 **안식일**에 병을 고치시는지 엿보고 있었다. **8** 예수께서 그들의 생각을 아시고, 손이 오그라든 사람에게 말씀하셨다. "일어나서, 가운데 서라." 그래서 그는 일어나서 섰다. **9** 예수께서 그들에게 말씀하셨다. "너희에게 물어 보겠다. **안식일**에 착한 일을 하는 것이 옳으냐? 악한 일을 하는 것이 옳으냐? 목숨을 건지는 것이 옳으냐? 죽이는 것이 옳으냐?" **10** 예수께서 그들을 모두 둘러보시고서, 그 사람에게 명하셨다. "네 손을 내밀어라." 그 사람이 그렇게 하

니, 그의 손이 회복되었다. 11 그들은 화가 잔뜩 나서, 예수를 어떻게 할까 하고 서로 의논하였다.'

본문과 동일한 사건은 마가복음 3:1-6과 마태복음 12:9-14에 등장한다. 누가는 마가의 기록을 비교적 충실히 따르고 있다. 다만 누가는 마가가 제공하지 않는 정보를 제시한다. 누가는 예수께서 안식일에 회당에서 가르치시려고 들어가셨다는 정보를 먼저 제시한다. 또한 예수께서 안식일에 병을 고쳐주시는 지 엿보고 있는 사람들을 구체적으로 "율법학자들과 바리새파 사람들"이라고 분명하게 알려준다(7절). 더욱이 예수께서 안식일에 병을 고쳐주신 것이 의도적인 일이었음을 8절에서 "그들의 생각을 아시고"라는 표현을 통해 알게 한다.

누가는 마가와 마태가 전해주지 않는 안식일 치유사건 두 가지를 제공한다. 누가의 안식일 치유 본문은 누가의 특수 자료(Luke's special material)로 분류하기도 한다.[24] 그 이유는 이 본문의 내용이 마가와 마태에 전혀 등장하지 않기 때문이다. 그 첫째는 13:10-17에 기술된 안식일에 예수께서 열여덟 해 동안 허리가 꼬부라진 여인을 고쳐주신 사건으로 본문에 '사바톤'이 모두 5회 등장한다.[25]

'10 예수께서 **안식일**에 회당에서 가르치고 계셨다. 11 그런데 거기에 열여덟 해 동안이나 병마에 시달리고 있는 여자가 있었는데, 그는 허리가 굽어 있어서, 몸을 조금도 펼 수 없었다. 12 예수께서는 이 여자를 보시고, 가까이 불러서 말씀하시기를, "여자야, 너는 병에서 풀려났다" 하시고, 13 그 여자에게 손을 얹으셨다. 그러자 그 여자는 곧 허리를 펴고, 하나님께 영광을 돌렸다. 14 그런데 회당장은, 예

---

24) Turner, 'The Sabbath, Sunday, and the Law in Luke/Acts', pp. 106-108을 보라.
25) Turner, 'The Sabbath, Sunday, and the Law in Luke/Acts', pp. 106-107에서 이 본문의 전통이 요 5:1-19과 부분적으로 평행이 되는 것처럼 보인다고 주장한다. 하지만 요한복음의 내용 속에 유사한 것이 전혀 없어서 이 주장에 동의하기 어렵다.

수께서 **안식일**에 병을 고치신 것에 분개하여 무리에게 말하였다. "일을 해야 할 날이 엿새가 있으니, 엿새 가운데서 어느 날에든지 와서, 고침을 받으시오. 그러나 **안식일**에는 그렇게 하지 마시오." **15** 주님께서 그에게 대답하셨다. "너희 위선자들아, 너희는 저마다 **안식일**에도 소나 나귀를 외양간에서 풀어내어, 끌고 나가서 물을 먹이지 않느냐? **16** 그렇다면, 아브라함의 딸인 이 여자가 열여덟 해 동안이나 사탄에게 매여 있었으니, **안식일**에라도 이 매임을 풀어 주어야 하지 않겠느냐?" **17** 예수께서 이 말씀을 하시니, 그를 반대하던 사람들은 모두 부끄러워하였고, 무리는 모두 예수께서 하신 모든 영광스러운 일을 두고 기뻐하였다.'

이 본문은 누가만의 자료로 실현된 종말론(realized eschatology)의 한 예를 누가가 의도적으로 제시한 것으로 이해할 수 있다. 그 이유는 이 본문 이후 13:18-21에 등장하는 겨자씨와 누룩 비유가 자연스럽게 실현된 종말론의 모습인 하나님 나라의 현재성을 보여주기 때문이다.[26] 누가는 본문에서 예수께서 안식일에 회당에서 가르치시고 계신 모습을 묘사한다. 예수께서 회당에서 가르치실 때에 18년 동안 허리가 꼬부라진 여인을 고쳐주신다(11-13절). 그런데 그 날은 안식일이었기에 회당장이 분개하여 사람들에게 안식일에 병 고침을 받지 말라고 공개적으로 공포한다(14절). 회당장이 공개적으로 이런 말을 한 것은 안식일을 준수하려는 자신의 의지가 있는 것을 보여주며, 동시에 당시 모든 사람들이 안식일 규정을 제대로 준수할 것을 기대하고 있음을 보여준다. 예수 당시 안식일 규정 준수에 대한 사람들의 관점을 어느 정도 알려준다.

하지만 이어지는 예수의 답변 속에서 회당장을 비롯한 많은 사람들이 위선적으로 안식일을 준수하고 있다는 것을 알게 한다. 예수는 13:15-16에서 ""너희 위선자들아, 너희는 저마다 **안식일**에도 소나 나귀를 외양간에서 풀어내어, 끌고

---

26) Turner, 'The Sabbath, Sunday, and the Law in Luke/Acts', p. 106을 보라.

나가서 물을 먹이지 않느냐? 그렇다면, 아브라함의 딸인 이 여자가 열여덟 해 동안이나 사탄에게 매여 있었으니, **안식일**에라도 이 매임을 풀어 주어야 하지 않겠느냐?"라고 질문한 것이다. 예수의 질문은 당시 사람들이 안식일에도 소나 나귀를 외양간에서 이끌어 내어 그 가축들의 필요를 따라 물을 마시게 하는 일반적인 관습을 소개한다. 안식일 규정에 의하면 소나 나귀를 외양간에서 끌어내어 물을 마시게 하는 것은 금지된 행위였다.[27] 하지만 그럼에도 불구하고 당시에 사람들은 안식일에 가축들의 목마름을 해결해 주었다. 만일 사람들이 안식일에 짐승들의 필요를 채워주었다면, 아브라함의 딸, 다시 말해서 하나님의 자녀인 이 여인이 18년 동안 사탄에게 매여 있어서 허리가 꼬부라진 채 고통 속에 살아가고 있다면 이 여인의 고통을 해결해 주어야 하지 않겠느냐고 예수께서 반문한 것이다. 예수는 이 질문을 통해서 회당장 및 당시 사람들이 위선적으로 안식일을 준수하고 있다는 사실을 지적한다. 그 결과 예수의 사역을 반대하던 사람들은 모두 부끄러워하였고, 나머지 사람들은 예수께서 하신 영광스러운 일을 두고 모두 기뻐하였다는 것이다. 누가는 이 사건을 통해서 안식일에 사람의 병을 고쳐주는 일이 정당한 일임을 보여준다. 안식일은 사람을 고통 속에서 해방시켜 주기 위하여 있는 날임을 교훈한 것이다.

둘째는 14:1-6에 기록된 것으로 예수께서 안식일에 수종병 환자를 치유해 준 사건이다. 이 본문에 '사바톤'이 모두 3회 등장한다.

'1 어느 **안식일**에 예수께서 바리새파 사람의 지도자들 가운데 어떤 사람의 집에 음식을 잡수시러 들어가셨는데, 사람들이 예수를 지켜보고 있었다. 2 그런데 예수 앞에 수종병 환자가 한 사람이 있었다. 3 예수께서 율법교사들과 바리새파 사람들에게 물으셨다. "**안식일**에 병을 고치는 것이 옳으냐? 옳지 않으냐?" 4 그들

---

27) I.H. Marshall, 『누가복음』 II, (2 vols. 서울: 한국신학연구소, 1984), pp. 243-44를 보라.

은 잠잠하였다. 예수께서 그 병자를 손으로 잡아서 고쳐 주시고, 돌려보내신 다음에, **5** 그들에게 말씀하셨다. "너희 가운데서 누가 아들이나 소가 우물에 빠지면 **안식일**에라도 당장 끌어내지 않겠느냐?" **6** 그들은 이 말씀에 대답할 수 없었다.'

이 본문 역시 누가의 특수 자료로 마가와 누가에 등장하지 않는 사건이다. 본문에 등장하는 수종병(dropsy)은 사람의 근육조직과 혈액 속에 액체가 고이는 병으로 계속해서 고여있는 물을 몸 밖으로 배출시켜줘야 한다. 유대인의 랍비들은 이 병이 부도덕한 생활에서 발병하는 것으로 이해하였다.[28] 예수께서 바리새파 사람의 지도자들 가운데 한 사람의 집에 식사하러 가셨다가 수종병 환자를 만났다. 예수는 율법교사들과 바리새파 사람들에게 안식일에 사람의 병을 고쳐주는 것이 옳은 일인지 옳지 않은 일인지 적극적으로 질문하였다(3절). 하지만 아무도 대답하지 않았다. 예수는 그 병자를 고쳐주시고 돌려보내고, 그들에게 다시 "너희 가운데서 누가 아들이나 소가 우물에 빠지면 **안식일**에라도 당장 끌어내지 않겠느냐?"(5절)라고 질문하셨다. 하지만 아무도 대답하지 못했다. 그들의 침묵은 자신들이 위선적으로 안식일 규정을 준수하고 있음을 암시한다.[29]

예수께서 그들에게 "누가 아들이나 소가 우물에 빠지면 안식일에라도 당장 끌어내지 않겠느냐?"라고 질문하신 것은 실제로 당시 율법교사이든 바리새파 사람들이든 이런 상황이면 자신의 아들이나 소를 구한다는 것을 알고 있기 때문이다. 예수는 율법교사와 바리새파 사람들이 안식일 규정을 너무나도 잘 알고 있고, 그것을 문자대로 엄격하게 지키고 있는 사람들로 대중들에게 알려져 있지만, 현실적으로 생명이 위급한 상황이 발생하면 그들이 안식일에 먼저 생명을 구하고 있는 위선적 모습을 지적한 것이다. 그들은 안식일 규정의 정신보다

---

28) Marshall, 『누가복음』 II, p. 273을 보라.
29) Marshall, 『누가복음』 II, pp. 273-75를 참조하라.

는 그 규정자체를 문자적이며 형식적으로 준수하고 있었던 것이다. 하지만 안식일의 본래 정신은 사람의 생명을 살리는 것이다. 예수께서 율법교사와 바리새파 사람들에게 질문하신 의도는 안식일에라도 사람이나 짐승의 생명이 위험에 빠졌을 때 그 생명을 구하는 것이 정당하다는 것이다.

누가복음에 마지막으로 남은 안식일 본문들은 18:12과 23:54-56, 그리고 24:1이다. 먼저 18:12, "나는 **이레**에 두 번씩 금식하고, 내 모든 소득의 십일조를 바칩니다."에서 '사바톤'은 안식일이 아니라 '주간'(a week)을 의미한다. 누가복음의 마지막 '사바톤'은 24:1, "**이레**의 첫날 이른 새벽에, 여자들은 준비한 향료를 가지고 무덤으로 갔다."에 등장한다. 하지만 본문의 '사바톤'은 안식일의 의미가 아니라 '주간'(a week)의 의미이다. 누가복음 23:54-56에 '사바톤'은 모두 2회 등장한다.

54 그 날은 준비일이고, **안식일**이 시작될 무렵이었다. **55** 갈릴리에서부터 예수를 따라다닌 여자들이 뒤따라가서, 그 무덤을 보고, 또 그의 시신이 어떻게 안장되었는지를 살펴보았다. **56** 그리고 그들은 집에 돌아가서, 향료와 향유를 마련하였다. 여인들은 계명대로 **안식일**에 쉬었다.

누가는 분문에서 유대인의 안식일 규정을 간략하게 암시하고, 안식일이 되기 전 안식일 준비일에 갈릴리에서부터 예수를 따라다니던 여인들이 예수의 십자가 처형을 목격하고 예수의 시신이 안장된 장소를 확인한 후, 그 시신에 사용할 향료와 향유를 미리 준비하였다는 정보를 제공한다. 당시 여인들이 안식일 규정을 얼마나 잘 지키고 있었는지 보여주는 기록이다. 특히 누가는 56절에서 안식일에 여인들이 쉼을 얻었다고 기술한다. 누가는 당시 사람들이 안식일 규정을 구약성서의 십계명 중 제 4계명에서 명령한대로 준수하고 있었다는 것을 보여준다. 누가는 안식일에 여자를 포함한 모든 사람들이 쉼을 얻었음을 암시한다. 누가의 이 본문을 통해서 안식일이 처음부터 남녀노소, 노예와 외국인, 나그네와 손님, 모든 짐승까지 쉼을 누리도록 설계된 것임을 다시 확인 시켜준다.

요약하면, 첫째, 누가는 예수께서 늘 하시던 대로 안식일에 회당에서 가르치는 일을 하셨다고 알려준다. 하지만 이것이 안식일 규정을 지키기 위한 행위는 아니었고, 다만 안식일에 회당에서 가르치는 행위가 금지된 일이 아님을 보여준 것이다. 둘째, 누가는 안식일에 제자들이 밀 이삭을 잘라 먹은 일에 대하여 마가와 마태와 동일하게 안식일 준수보다 인간의 굶주림을 해결해 주는 일이 안식일 규정 준수 정신에 부합한다는 것을 제시한다. 셋째, 누가는 예수께서 안식일에 병자를 치유하신 세 사건(6:6-11; 13:10-17; 14:1-6)을 통해서 안식일에 사람의 병을 치료하는 일과 생명을 구하는 일은 안식일을 문자적이며 형식적으로 준수하는 것보다 우선되어야 함을 가르쳐 준다. 넷째, 누가의 특수 자료에 해당하는 안식일 치유사건[30]을 통해서 누가는 당시 율법교사들과 바리새파 사람들의 위선적인 안식일 준수를 고발하며, 안식일에 생명을 구하는 일이 문자적이고 형식적인 율법 준수보다 앞서는 일임을 보여준다. 다섯째, 누가는 초대교회 당시에도 안식일 규정을 계속 유지하며 준수하고 있는 사람들이 있었다는 것을 보여준다. 동시에 누가는 안식일의 기본 정신인 쉼이 당시 남자들과 비교해 볼 때 인간 대접을 제대로 받지 못하고 살아가는 여인들에게도 허락되었다는 것을 분명히 보여준다.

4. 요한복음

요한복음에 '사바톤'(안식일)은 모두 13회(5:9, 10, 16, 18; 7:22, 23<2회>; 9:14, 16; 19:31<2

---

[30] 이것은 13:10-17의 18년 동안 허리가 꼬부라진 여인을 고쳐주신 사건과 14:1-6의 수종병 환자를 치유하신 사건을 말한다.

회>; 20:1, 19) 등장한다.[31] 요한복음의 '사바톤'은 19-20장에 사용된 것을 제외하면 두 개의 안식일 치유사건과 관련해서 모두 나타난다.

요한복음에서 '사바톤'이 처음 등장하는 본문은 처음 안식일 치유사건인 5:1-18이다.

> ¹그 뒤에 유대 사람의 명절이 되어서, 예수께서 예루살렘으로 올라가셨다. ²예루살렘에 있는 '양의 문' 곁에, 히브리 말로 베드자다라는 못이 있는데, 거기에는 주랑이 다섯 있었다. ³이 주랑 안에는 많은 환자들, 곧 눈먼 사람들과 다리 저는 사람들과 중풍병자들이 누워 있었다. [그들은 물이 움직이기를 기다리고 있었다. ⁴주님의 천사가 때때로 못에 내려와 물을 휘저어 놓는데 물이 움직인 뒤에 맨 먼저 들어가는 사람은 무슨 병에 걸렸든지 나았기 때문이다.] ⁵거기에는 서른여덟 해가 된 병자 한 사람이 있었다. ⁶예수께서 누워 있는 그 사람을 보시고, 또 이미 오랜 세월을 그렇게 보내고 있는 것을 아시고는 물으셨다. "낫고 싶으냐?" ⁷그 병자가 대답하였다. "주님, 물이 움직일 때에, 나를 들어서 못에다가 넣어주는 사람이 없습니다. 내가 가는 동안에, 남들이 나보다 먼저 못에 들어갑니다." ⁸예수께서 그에게 말씀하셨다. "일어나서 네 자리를 걷어 가지고 걸어가거라." ⁹그 사람은 곧 나아서, 자리를 걷어 가지고 걸어갔다. 그 날은 **안식일**이었다. ¹⁰그래서 유대 사람들은 병이 나은 사람에게 말하였다. "오늘은 **안식일**이니, 자리를 들고 가는 것은 옳지 않소." ¹¹그 사람이 대답하였다. "나를 낫게 해주신 분이 나더러, '네 자리를 걷어 가지고 걸어가거라' 하셨소." ¹²유대 사람들이 물었다. "그대에게 자리를 걷어 가지고 걸어가라고 말한 사람이 누구요?" ¹³그런데 병 나은 사람은, 자기를 고쳐 주신 분이 누구인지를 알지 못하였다. 거기에는 사람들이 많이 붐비었고, 예수께서는 그 곳을 빠져나가셨기 때문이다. ¹⁴그 뒤에 예수께서 성전에서

---

31) 요 20:1, 19의 '사바톤'은 안식일이 아니라 '주간'(a week)을 의미한다.

그 사람을 만나서 말씀하셨다. "보아라. 네가 말끔히 나았다. 다시는 죄를 짓지 말아라. 그리하여 더 나쁜 일이 너에게 생기지 않도록 하여라." **15** 그 사람은 가서, 자기를 낫게 하여 주신 분이 예수라고 유대 사람들에게 말하였다. **16** 그 일로 유대 사람들은, 예수께서 **안식일**에 그러한 일을 하신다고 해서, 그를 박해하였다. **17** 그러나 [예수]께서는 그들에게 말씀하셨다. "내 아버지께서 이제까지 일하고 계시니, 나도 일한다." **18** 유대 사람들은 이 말씀 때문에 더욱더 예수를 죽이려고 하였다. 그것은, 예수께서 **안식일**을 범하셨을 뿐만 아니라, 하나님을 자기 아버지라고 불러서, 자기를 하나님과 동등한 위치에 놓으셨기 때문이다.'[32]

본문은 예수께서 안식일에 38년 된 병자를 고쳐주신 사건이다. 본문에 '사바톤'은 모두 4회 등장한다. 이 치유사건은 예수께서 병자에게 "일어나서 네 자리를 걷어 가지고 걸어가거라."(8절)는 말씀을 통해서 일어났다. 그러자 그 사람은 곧 나아서, 자리를 걷어 가지고 걸어갔다. 하지만 그 날은 안식일이었다(9절). 그래서 유대인들이 병이 나은 사람에게 "오늘은 안식일이니, 자리를 들고 가는 것은 옳지 않소."(10절)라고 문제를 제기한 것이다. 이 사람은 물건을 나르지 말라는 안식일 규정을 범한 것이다. 유대인들은 안식일 금지 조항을 기억하며 병 나은 사람에게 안식일 규정을 위반하였다고 주장한 것이다. 당시 유대인의 안식일 규정에 의하면 안식일에 물건을 나르지 못하게 되어 있다(참조. 렘 17:21-22; Mishnah, Sab. 7:2). 하지만 고침을 받은 병자는 위기를 모면하려고 예수를 비난하면서 안식일 규정 위반의 책임을 예수에게 전가한 것이다(11절). 그 결과 유대 사람들은 예수께서 안식일에 그러한 일을 하신다고 해서 예수를 박해한 것이다(16절).[33]

---

32) 본문 3절 후반부와 4절, "**3b** 그들은 물이 움직이기를 기다리고 있었다. **4** 주님의 천사가 때때로 못에 내려와 물을 휘저어 놓는데 물이 움직인 뒤에 맨 먼저 들어가는 사람은 무슨 병에 걸렸든지 나았기 때문이다."는 현재 사용하고 있는 헬라어 성경(Nestle-Aland 28판)에 등장하지 않으며, 이에 대한 본문비평이 필요하지만 이 주제에 대한 논의는 생략한다.

33) R.E. Brown, 『요한복음』 I, (2 vols. 서울: CLC, 2013), p. 542를 보라.

하지만 예수는 그들에게 "내 아버지께서 이제까지 일하고 계시니, 나도 일한다."(17절)라고 대답한다. 예수의 대답은 창세기 2:1-3, "1 하나님은 하늘과 땅과 그 가운데 있는 모든 것을 다 이루셨다. 2 하나님은 하시던 일을 엿샛날까지 다 마치시고, 이렛날에는 하시던 모든 일에서 손을 떼고 쉬셨다. 3 이렛날에 하나님이 창조하시던 모든 일에서 손을 떼고 쉬셨으므로, 하나님은 그 날을 복되게 하시고 거룩하게 하셨다."를 암시한다. 이 말씀은 하나님이 창조 사역을 완성하신 것과 지금도 세상을 다스리시고 섭리하신다는 의미이다. 안식일에 사람이 태어나고 죽는 것은 하나님께서 안식일에도 계속 일하고 계신다는 증거이다. 그렇지만 하나님은 안식일 규정을 어기는 죄를 짓는 것이 아니다. 왜냐하면 하나님은 안식일에 물건을 옮기는 것이 죄가 되지 않기 때문이다. 그 이유는 모든 창조는 하나님의 집이며, 그러므로 하나님은 안에서 밖으로, 또는 밖에서 안으로 물건을 옮기는 것이 아니기 때문이다. 요한복음에서 예수는 하나님과 동일한 분이시다. 그러므로 예수는 안식일 규정을 위반할 수 없다는 논리이다. 하지만 예수를 하나님으로 인정하지 않는 유대인들은 안식일 규정을 위반했다고 주장한 것이다. 요한복음에서 안식일에 대한 예수의 태도는 병자를 고쳐주신 일과 밀접하게 연결된다. 안식일에 인간의 고통을 해결하며, 병을 치유하여 고통 없는 삶을 살 수 있도록 하는 것은 안식일에 금지된 일이 아니라는 의미이다.[34]

　요한복음의 첫 번 안식일 치유사건은 예수와 유대인 사이에 논쟁의 주제가 되었다. 이 안식일 논쟁은 5:19-47과 7:1-52에 계속해서 이어지고 있다. 그 가운데 7:21-24에 '사바톤'이 2회 등장한다.

'21 예수께서 그들에게 말씀하셨다. "내가 한 가지 일을 하였는데, 너희는 모두 놀라고 있다. 22 모세가 너희에게 할례법을 주었다. ─ 사실, 할례는 모세에게서 비

---

34) Brown, 『요한복음』, pp. 551-52, 557-59를 보라.

롯한 것이 아니라, 조상들에게서 비롯한 것이다. — 이 때문에 너희는 **안식일**에도 사람에게 할례를 준다. **23** 모세의 율법을 어기지 않으려고, 사람이 **안식일**에도 할례를 받는데, 내가 안식일에 한 사람의 몸 전체를 성하게 해주었다고 해서, 너희가 어찌하여 나에게 분개하느냐? **24** 겉모양으로 심판하지 말고, 공정한 심판을 내려라.'"

본문 7:21의 "한 가지 일"은 5장의 예수께서 안식일에 38년 병자를 고쳐주신 사건을 의미한다. 예수는 안식일 논쟁에서 유대인들이 모세의 율법을 준수하려고 안식일에 사람에게 할례를 주는 일을 언급하면서 그들의 위선적 행동을 지적한다. 실제로 유대인들은 당시 할례를 시행해야 하는 일이 안식일과 겹치면 안식일 규정을 지키지 않고 할례를 시행했던 것이다. 그래서 예수는 그들의 안식일 규정에 대한 위선적인 태도를 문제시 하면서 "모세의 율법을 어기지 않으려고, 사람이 **안식일**에도 할례를 받는데, 내가 안식일에 한 사람의 몸 전체를 성하게 해주었다고 해서, 너희가 어찌하여 나에게 분개하느냐?"(23절)라고 반문한 것이다.[35]

두 번째 안식일 치유사건은 9:1-41로 본문에 '사바톤'이 2회 등장한다. 하지만 지면 관계상 성경 본문은 안식일이 등장하는 9:13-17만 제시한다.

'**13** 그들은 전에 눈먼 사람이던 그를 바리새파 사람들에게 데리고 갔다. **14** 그런데 예수께서 진흙을 개어 그의 눈을 뜨게 하신 날이 **안식일**이었다. **15** 바리새파 사람들은 또다시 그에게 어떻게 보게 되었는지를 물었다. 그는 "그분이 내 눈에 진흙을 바르신 다음에 내가 눈을 씻었더니, 이렇게 보게 되었습니다" 하고 대답하였다. **16** 바리새파 사람들 가운데 더러는 말하기를 "**안식일**을 지키지 않는 것

---

[35] Brown, 『요한복음』, pp. 709-710, 715-18을 참조하라.

으로 보아서, 그는 하나님에게서 온 사람이 아니오" 하였고, 더러는 "죄가 있는 사람이 어떻게 그러한 표징을 행할 수 있겠소?" 하고 말하였다. 그래서 그들 사이에 의견이 갈라졌다. 17 그들은 눈멀었던 사람에게 다시 물었다. "그가 당신의 눈을 뜨게 하였는데, 당신은 그를 어떻게 생각하오?" 그가 대답하였다. "그분은 예언자입니다."'

두 번째 안식일 치유사건의 내용은 예수께서 태어나면서 눈먼 사람을 안식일에 고쳐주신 사건이다. 이 사건의 독특한 모습은 38년 된 병자를 치료하면서 자리를 들고 일어나 걸어가도록 명령한 것과 마찬가지로 나면서 눈먼 사람에게 예수께서 직접 "땅에 침을 뱉어서, 그것으로 진흙을 개어 그의 눈에 바르시고, 그에게 실로암 못으로 가서 씻으라"(9:6-7)고 말씀하신 것이다. 첫 번 안식일 치유사건에서 안식일 규정을 직접적으로 위반한 사람은 고침을 받은 사람이지만, 나면서 눈먼 사람을 치유하실 때 예수는 직접 안식일 규정을 의도적으로 위반한 것이다. 예수께서 안식일에 눈먼 사람을 치유해 주신 것 뿐 아니라 안식일 금지행위 가운데 하나인 땅에 침을 뱉어 진흙을 반죽하여 눈에 발라 준 것이다.

안식일에 반죽하는 행위는 39개 안식일 금지행위 가운데 하나이다(참조. Mishnah, Sabbat 7:2). 유대교의 미슈나(Mishnah, Sabbat 14:4)에 의하면 병의 치료를 위하여 주간 중에 매일 기름을 바른 사람에게는 안식일에도 기름을 바르는 것이 허락되었으나, 일반적으로 사용하지 않는 물질을 사용하여 치료하는 행위는 허락되지 않았다.[36] 바리새파 사람들은 안식일 규정을 위반한 예수를 하나님에게서 온 사람이 아니라고 하고, 다른 사람들은 치유기적을 행하였기에 죄가 없는 사람이라고 주장하며 서로 논란이 벌어진 것이다(16절). 바리새파 사람들은 예수의

---

[36] C.G. Kruse, *The Gospel according to John: An Introduction and Commentary* (Leicester: Inter-Varsity Press, 2003), p. 222를 보라.

정체성에 대하여 혼동하고 있는 것이다. 눈을 뜨게 된 사람은 예수의 정체성을 예언자로 규정한다(17절). 두 번째 안식일 치유사건은 안식일 규정을 위반한 것에 관심이 있기 보다는 예수의 정체성에 관심을 갖게 한 것이다. 이런 점에서 안식일 논쟁을 기독론 논쟁으로 바꾸어 버린 마태복음 12:1-8과 유사하다.[37] 하지만 예수는 눈을 뜨게 된 사람이 증언한 예언자 정도가 아니라 하나님이 보내신 메시아로 마지막 예언자(Messiah as the Eschatological Prophet)이다.[38]

마지막으로 요한복음에서 '사바톤'은 19:31과 20:1, 19에 등장한다. 먼저 19:31, "유대 사람들은 그 날이 유월절 준비일이므로, **안식일**에 시체들을 십자가에 그냥 두지 않으려고, 그 시체의 다리를 꺾어서 치워달라고 빌라도에게 요청하였다. 그 **안식일**은 큰 날이었기 때문이다."에 '사바톤'이 2회 사용된 것이다. "안식일에 시체들을 십자가에 그냥 두지 않으려고"는 당시 이스라엘 풍습을 보여주는 표현이다(참조. 신 22:22; 갈 3:13). 나머지 20:1, "**주간**의 첫 날 이른 새벽에 막달라 사람 마리아가 무덤에 가서 보니, 무덤 어귀를 막은 돌이 이미 옮겨져 있었다."와 20:19, "그 날, 곧 **주간**의 첫 날 저녁에, 제자들은 유대 사람들이 무서워서, 문을 모두 닫아걸고 있었다. 그 때에 예수께서 와서, 그들 가운데로 들어서서, '너희에게 평화가 있기를!' 하고 인사말을 하셨다."에 등장하는 '사바톤'은 안식일이 아니라 '주간'(a week)를 의미한다.

요약하면, 요한복음의 안식일 본문은 두 개의 안식일에 예수께서 병자를 치유해 주신 사건과 깊이 관련이 있다. 첫째, 예수는 안식일에도 병을 치유해 주시는 일을 계속 하셨다. 둘째, 첫 번 안식일 치유사건에서 예수는 안식일 규정을 위반한 것이 아니라고 주장하면서 하나님과 동등한 자신을 드러내신다. 예수는 안

---

37) A.T. Lincoln, *Truth on Trial: The Lawsuit Motif in the Fourth Gospel* (Peabody: Hendrickson, 2000), pp. 73-81, 96-105; M. Asiedu-Peprah, *Johannine Sabbath Conflicts as Juridical Controversy* (WUNT 2. 132; Tübingen: Mohr Siebeck, 2001), pp. 115-16, 180-83을 참조하라.

38) 이 주제와 관련하여 Sukmin Cho, *Jesus as Prophet in the Fourth Gospel* (NTM 15; Sheffield: Sheffield Phoenix Press, 2006)를 참조하라.

식일 논쟁을 의도적으로 유발시켜 자신의 정체성을 드러내는데 사용하고 있다. 셋째, 두 번째 안식일 치유사건 역시 목적을 갖고 의도적으로 안식일 규정을 위반한 것으로 그 의도는 유대인들에게 자신의 정체성에 관심을 갖게 한 것이다. 요한복음에서 안식일 논쟁은 공관복음서와 비교해 볼 때 안식일 규정 준수에 대한 관심보다는 예수의 정체성에 더욱 관심을 갖고 있는 것을 알 수 있다. 결론적으로 요한복음에서 안식일은 그리스도인들이 엄격하게 지켜야 할 유대인의 율법으로 제시하지 않는 듯하다.

나가는 말

지금까지 복음서의 안식일을 통해서 당시 사람들에게 안식일이 어떻게 이해되고 있었는지 확인하였다. 각 복음서 저자들은 당시 안식일에 대한 일반 사람들과 율법교사 및 바리새파 사람들의 이해를 예수의 안식일 사역을 통해서 보여주었다.

첫째, 공관복음서의 안식일에서 공통적으로 확인할 수 있었던 것은 다음과 같다.

① 예수 당시 안식일은 여전히 일반 사람들에게 엄격하게 지켜야 할 율법으로 인식되고 있었다.
② 안식일에 허용되었던 일은 회당에서 가르치는 일이었다.
③ 안식일에 굶주림에서 벗어나기 위한 일, 병을 고쳐주는 일, 생명을 살리는 일, 선한 일과 관련된 것은 안식일 규정에서 금지한 행위일지라도 예외가 된다.
④ 안식일에 사람의 생명을 구하기 위하여 필요한 일은 금지된 것이 아니다.
⑤ 안식일은 사람을 위하여 있는 것이며 안식일을 위하여 사람이 존재하는 것은 아니다.

둘째, 요한복음의 안식일에서 확인된 것은 다음과 같다.

① 예수의 안식일 사역은 두 가지 치유사건에 집중되어 있었다.
② 예수는 의도적으로 안식일 규정을 위반하였다. 그 의도는 자신의 정체성을 알리려는 것이다.
③ 유대인들과 예수 사이의 안식일 논쟁은 모두 예수의 정체성을 드러내는 보조 역할을 한다.
④ 안식일 논쟁을 통해서 예수는 하나님과 동등한 분임을 선언하신다.
⑤ 요한복음은 안식일 규정을 그리스도인들이 엄격히 준수해야 할 율법으로 제시하지 않는다.

그렇다면 오늘날 한국개신교의 실제적인 상황 속에서 안식일을 어떻게 가르치고 이해해야 되는지에 대하여 다음과 같은 결론을 심각하게 고려해야 할 것이다. 첫째, 주일은 유대인의 안식일이 아니다. 둘째, 주일성수와 안식일 규정을 준수하는 것은 아무 관련이 없다. 셋째, 복음서에서 안식일은 그리스도인들이 지켜야 할 율법으로 제시하지 않는다.

결론적으로 한국개신교는 그리스도인들에게 주일을 안식일로 가르치지 않아야 하고, 안식일 준수를 위하여 주일 노동의 금지, 스포츠 및 오락의 금지, 매매금지 등을 가르치거나 강요하지 않아야 한다. 하지만 하나님과 약속한 날, 약속한 시간에 하나님께 나아가는 일은 안식일 규정 준수와 상관없이 그리스도인들 각자가 책임을 갖고 지속적으로 성실하게 이루어야 할 경건한 의무이며 특권이다. 이제 더 이상 한국개신교에서 그리스도인들에게 '주일성수'라는 단어를 위선적으로 사용하지 않도록 가르쳐야 할 것이다.

참고문헌

양용의. 『예수님과 안식일 그리고 주일』 서울: 이레서원, 개정판, 2011.

_____ . 『마가복음 어떻게 읽을 것인가』, 서울: 성서유니온선교회, 2010.

_____ . 『마태복음 어떻게 읽을 것인가』 서울: 성서유니온선교회, 2005.

이민규. '사회학적 시각으로 본 마태복음에 나타난 안식일', 「신약논단」13 (2006), pp.16-17.

Andreasen, N-E.A. *The Old Testament Sabbath: A Tradition-Historical Investigation*. SBLDS 7, Missoula: Society of Biblical Literature, 1972.

Asiedu-Peprah, M., *Johannine Sabbath Conflicts as Juridical Controversy*. WUNT 2. 132, Tübingen: Mohr Siebeck, 2001.

Bacchiocchi, S., *From Sabbath to Sunday: A Historical Investigation of the Rise of Sunday Observance in Early Christianity*. Rome: Pontifical Gregorian University Press, 1977.

Brown, R.E., 『요한복음』 2 vols. 서울: CLC, 2013.

Cho, Sukmin, *Jesus as Prophet in the Fourth Gospel*. New Testament Monograph 15, Sheffield: Sheffield Phoenix Press, 2006.

Davies, W.D. and D.C. Allison, *Matthew: A Shorter Commentary*. London: T & T Clark International, 2004.

Edwards, J.R., *The Gospel according to Mark*. Leicester: Apollos, 2002.

France, R.T., *The Gospel according to Matthew: An Introduction and Commentary*. TNTC. Leicester: Inter-Varsity Press, 1985.

Hare, D.R.A., *The Son of Man Tradition*. Minneapolis: Fortress Press, 1990.

Hooker, M., *The Son of Man in Mark*. London: SPCK, 1967.

Kruse, C.G., *The Gospel according to John: An Introduction and Commentary*. Leicester: Inter-Varsity Press, 2003.

Lane, W.L., *The Gospel according to Mark*. NICNT. Grand Rapids: Eerdmans, 1974.

Lincoln, A.T., *Truth on Trial: The Lawsuit Motif in the Fourth Gospel*. Peabody:

Hendrickson, 2000.

Manson, T.W., 'Mark ii. 27f', *Coniectanea neotestamentica* XI (1947), pp. 138-46.

Marshall, I.H., 『누가복음』 2 vols. 서울: 한국신학연구소, 1984.

McKay, H.A., *Sabbath and Synagogue: The Question of Sabbath Worship in Ancient Judaism*. Leiden: E.J. Brill, 1994.

Tödt, H.E., *The Son of Man in the Synoptic Tradition*. trans., D.M. Barton. London: SCM, 1965.

Turner, M., 'The Sabbath, Sunday, and the Law in Luke/Acts', in D.A. Carson (ed.), *From Sabbath to Lord's Day: A Biblical, Historical and Theological Investigation*. Grand Rapids: Zondervan, 1982, pp. 99-157.

3장
안식일이냐 주일이냐, 그것이 문제로다

배덕만

안식일이냐 주일이냐, 그것이 문제로다

배덕만

시작하며

한국교회는 주일성수를 신앙의 규범으로 철저히 준수한다. 기독교인의 일차적 징표는 주일예배에 참석하는 것이다. 지금은 그 정도가 많이 약화되었지만, 얼마 전까지 주일에는 예배에 참석할 뿐 아니라, 일체의 노동이나 유희도 금했다. 오직 신앙생활에 집중하기 위해서 말이다. 그렇게 한국교회는 주일성수를 중심으로, 자신의 신앙전통과 정체성을 형성했다.

하지만 이런 전통 안에 주목할 만한 문제들이 있다. 첫째는 주일과 안식일의 개념적 혼동이다. 이 두 개념은 전혀 다른 성경적·역사적 의미를 갖지만, 한국교회 안에선 동의어처럼 혼용되고 있다. 그래서 발생하는 신학적·목회적 문제가 적지 않다. 동시에, 주5일제 근무가 보편화되면서, 주일의 개념자체에 혼란이 생겼다. 주일예배에 참석하지 못하는 사람들을 위해, 주중에 대체예배가 성행하기 시작했기 때문이다. 주일성수를 주일예배와 동일시하는 현실에서 발생한 기이한 현상이다.

결국, 이런 문제는 교회사적 검토를 통해 적절한 도움을 얻을 수 있다. 왜냐하면 이런 현실은 성경과 초대교회의 관행이 복잡한 역사적 과정을 거치면서 도달한 결과이기 때문이다. 이 문제에 대한 다양한 입장과 해석이 존재했고, 그것들을 표현하고 실천했던 수많은 사람들과 그룹들이 있었다. 이제, 그 복잡한 과정을 간략히 살펴봄으로써, 한국교회가 주일과 안식일의 문제를 보다 온전히 이해하고 실천하는데 작은 도움이라도 줄 수 있길 바란다.

고대

기독교적 주일(매주 행하는 성만찬과 연관된 초기 기독교 공동체의 예배)은 신약성경에서 이미 흔적들이 발견된다. 초기 기독교 공동체는 처음에 안식일과 주일을 함께 지켰던 것으로 보인다. 사도행전의 기록에 따르면, 바울이 선교여행 중 안식일에 회당예배(13:14)와 성전제사(5:42)에 참석했기 때문이다. 하지만 안식일과 구별되는 주일이 매우 빠른 시기에 자리 잡기 시작했다. 복음서에는 유대인과 유대-기독교인, 그리고 이방-기독교인 사이에서, 안식일의 의미에 대한 입장의 차이가 커져가는 모습이 나타나기 때문이다. 고전16:1-3, 행20:7-12, 계1:10 등은 신약성경에서 주일이 언급된 대표적 예들이다. 하지만 흥미롭게도, 외경인 도마복음은 안식일 준수를 명령했다.

초대교회는 안식일을 버리지 않았지만 유대인들처럼 안식일을 율법적으로 엄격히 준수한 것 같지는 않다. 보다 구체적으로, 70년에 예루살렘이 파괴된 후, 특히 135년에 성전이 파괴되고 예루살렘의 이름이 '아일리아 카피톨리나'(Aelia Capitolina)로 바뀐 후, 로마와 알렉산드리아에서 반유대적 감정이 이방인들과 기독교인들(이제는 압도적으로 이방인이자 무할례자들이었다) 사이에서 고조되면서, 기독교인들이 제7일을 모욕하기 시작했다. 결국, 지역마다 차이가 있지만, 하드리아누스 황제의 통치 동안(117-38), 기독교인들은 안식일 대신 주일(일요일)을 지키게 되었으며, 이런 로마의 관행은 곧 알렉산드리아로 확장되었다. 이런 관행은 콘스탄티누스 황제가 출현하기 전까지 기독교세계 전체로 퍼졌으나, 동방교회는 이런 관행에 저항하며 상당기간 동안 안식일과 주일을 함께 지켰다.

2세기 초반에 이르면 유대교의 안식일과 주일을 명확히 구분하는 주일신학이 성립되기 시작했다. 110년경 안디옥의 이그나티우스는 "이제 옛 관계 속에서 변화된 사람은 새로운 희망 속에 있기 때문에 더 이상 안식일을 지키지 말고, 주의 날을 지켜라"고 권면했다. 유스티누스는 "이날은 하나님이 어둠과 원재료를 변화시킴으로써 세상을 창조한 첫 번째 날이며, 우리의 구원자 예수 그리스도가 죽은 자들로부터 부활하신 날"이기 때문에, 안식일이 아니라 주일을 지켜야 한다고 주장했다.

동시에, 로마제국에 발생한 달력의 변화도 교회가 안식일에서 주일로 무게중심을 이동하는데 적지 않은 영향을 끼쳤다. 즉, 기독교 공동체의 예배를 위한 회합의 날이 지중해 전역에서 바뀌었을 때, 날(day)의 개념과 날들의 이름에도 중요한 변화가 나타났기 때문이다. 전통적으로, 유대 및 헬레니즘은 일몰에 날이 시작되고, 한주는 7일로 구성된다고 생각했다. 2세기가 시작될 무렵, 부분적으로 유대인들의 영향 하에, 이방인들이 9일을 한주로 생각하던 자신들의 관행을 버리고, 한주를 7일로 생각하기 시작했으며, 이 7일에 별(혹성)의 이름을 각각 붙여주었다. 이렇게 변화된 이방의 관행이 이교도들 안에서 빠르게 확장되던 교회에 영향을 끼친 것은 너무도 당연했다. 뿐만 아니라, 자정을 기준으로 하루를 구분하는 로마식이 전통적인 유대/헬레니즘 방식을 대체하며 기독교인들 안에 정착하기 시작했다.

또한, 태양을 섬기는 미트라교의 영향도 무시할 수 없다. 이방인들은 태양을 숭배했던 미트라교의 영향 하에 토요일보다 일요일에 더 큰 의미를 부여했는데, 기독교인들도 이런 이방인들의 관행에 점차로 주목하기 시작했기 때문이다. 바울이 복음을 전했던 소아시아지역에서 미트라종교가 크게 유행했으며, 후에 미트라교가 로마제국 안에서, 특히 군인들 사이에서 번성했다. 이런 맥락에서, 기독교인들은 자신들을 유대인들과 구별하고, 유행하던 이방의 관행에 순응하기 위해 자연스럽게 토요일보다 일요일에 무게를 두었을 것이다.

그런 이유에서, 그들은 종말론적 그리스도를 의의 태양으로 이해했고, 예루살렘을 향해 기도하던 관행에서 벗어나서 어디에 있던지 태양이 떠오르는 동쪽을 향해 기도하기 시작했다. 또한 제1일에 예배하는 것을 하나님께서 빛을 창조하셨던 날에 예배하는 것이며, 세상의 빛이신 그리스도께서 재림하시는 궁극적·우주적 제8일을 앙망하는 것이라고 주장했다. 결국, 서방교회는 제1일/제8일의 우월성을 강조하면서 예수의 탄생일까지 태양신(Sol invictus)의 탄생일과 동일시하게 되었다. 하지만 동방교회는 이런 서방의 관행에 반대해서 주일과 안식일을 함께 지켰고, 예수의 탄생과 세례일도 1월 6일로 고수했다.

마침내, 321년에 콘스탄티누스 황제가 일요일을 모든 시민의 일반적인 휴일로 선포했고, 이때부터 일요일은 법정 공휴일이 되었다. 이 날에 도시 사람들과 공무원들은 가게와 사무실의 문을 닫아야 했으나, 시골 사람들에겐 필요한 농사일을 허락했다. 당시 기독교인들의 수는 상대적으로 소수였고, 콘스탄티누스도 기독교적 예배의 날에 대해선 아무런 언급도 하지 않았다. 이런 결정은 이미 존재하던 기독교인들의 주일을 존중함과 동시에, 태양을 숭배하던 당시 군인들의 요구에 부합하려는 황제의 정치적 동기가 작용한 것으로 보인다. 결국, 콘스탄티누스의 이런 결정으로, 교회는 자연스럽게 안식일 대신 주일을 자신의 안식과 예배의 날로 준수하게 되었다.

중세

교회사 초기에는 기독교의 공간이 예루살렘에서 그 밖으로 이동하면서, 시간도 안식일에서 주일로 바뀌었다. 이때는 안식일과 주일간의 연속성보다 단절성이 더 강조되었다. 하지만 중세로 진입하면서, 주일에 안식일의 의미가 이식되기 시작했다. 특히, 기독교가 제국의 종교로 공식적 입장과 특권을 획득하면서, 이런 특성은 더욱 강화되었다.

먼저, 305(6?)년에 스페인의 엘비라에서 열린 공의회에서 주일예배참석을 교회적 차원에서 최초로 의무화했다. "도시에 사는 사람 중에, 세 번 연속 주일날 교회에 오지 않는 자는 잠시 동안 교회 공동체로부터 제외되어야 한다." 380년에 개최된 라오디게아 공의회는 일요일에 일을 자제하도록 명령했고, 386년에는 테오도시우스 1세가 일요일에 제국 전체에서 사업을 금지시켰다. 436년에 소집된 제4차 카르타고 공의회는 기독교인들이 일요일 예배 후 게임이나 서커스에 참석하지 말도록 요구했다.

한편, 5세기에 아우구스티누스는 "기쁨의 날"이라고 불렸던 안식일 개념에서 죄와 관련된 일과 합법적인 쾌락을 구분했으며, 동시대의 히에로니무스는 일요일에 게으른 휴식을 유대적이라고 비판했다. 538년 오를레앙 3차 총회는 최초로 주일 안식을 교회법으로 규정했다. 이 법은 콘스탄티누스 황제가 허용했던 농사일마저 구약의 안식일 계명에 따라 금지했지만, 여행과 음식준비까지 금지했던 구약의 안식일 규정을 모두 맹목적으로 받아들인 것은 아니었다. 789년에 발행된 샤를마뉴의 법령집은 서양에서 주일에 모든 노동의 금지를 십계명의 제4계명과 연결 지었던 최초의 법이다. 반면, 중세 후기에, 롤라드파와 왈도파는 수많은 축일과 다른 "의무의 날들"로 가득한 가톨릭교회에 대한 반발로, 일주일의 모든 날들이 동등하다고 주장했다.

9-10세기 사이에 아일랜드에서는 안식일이 토요일 저녁 기도로부터 시작해서 월요일 아침 기도시간까지 이어졌다. 그 사이에는 글을 쓰거나, 여행을 시작하거나, 물건을 팔거나, 계약을 맺거나, 소송하거나, 재판하거나, 머리털이나 수염을 깎거나, 씻거나 목욕하거나, 목적없이 뛰거나, 옥수수를 갈거나, 빵을 굽

거나, 나무를 자르거나, 집 청소를 하거나, 소나 말이나 사람들에게 짐을 지우거나, 노예의 일을 하거나, 적절한 사유 없이 자기가 사는 지역의 경계를 벗어날 수 없었다.

13세기에 활동했던 토마스 아퀴나스는 주일이 예배의 날이므로 "노예적 노동"(opera servilia)이 금지되어야 한다고 주장했다. 그는 토요일에서 일요일로 안식일이 바뀐 것을 초대교회의 결정으로 믿었으며, 칠일마다 갖는 부활의 신적 축제 교리를 전파했다. 7일 중 하루는 하나님께 속한다는 원리 위에, 아퀴나스는 고정된 시간을 하나님의 예배에 바치는 것이 자연법의 명령이라고 주장하면서, 그 예배의 시간과 빈도는 성문법인 제4 계명에 따라 정해져야 한다고 가르쳤다.

종교개혁

1517년에 종교개혁의 깃발을 올렸던 마르틴 루터는 율법에 대한 자신의 부정적 입장에 근거해서, 안식일에 대한 새로운 해석을 제공했다. 그는 엄격한 안식일 계명이 단지 유대인들에게만 명령된 것이지, 그리스도인들에게는 해당되지 않는다고 믿었다. 그는 그리스도인들이 주일을 지키고, 이는 예배와 봉사를 위하여, 특별히 언제나 휴식이 보장되지 않는 남녀종들을 위하여 선물로 주어진 것이라고 이해했다. 그는 일요일에 예배를 드리고, 점심식사 이후로 웃고 맥주를 마시고 즐거워해야 한다고 생각했으며, 개혁파와 극단적 안식일주의자들에 대항해서,『안식일주의자들에 반대하여: 좋은 친구에게 보내는 편지』(Against the Sabbatarians: A Letter to a Good Friend, 1538)를 집필했다.

한편, 종교개혁진영에서 주일과 안식일에 대한 해석에서 루터와 다른 입장을 지닌 그룹들이 출현했다. 중세교회의 엄격한 안식일주의에 반대했던 루터와 달리, 다시 중세적 입장을 고수하는 그룹들이 종교개혁자들 사이에서 나타났던 것이다. 먼저, 재세례파 지도자들이었던 오스왈드 글라이트(Oswald Glait)와 앤드류 피셔(Andrew Fischer)는 신약성경을 면밀히 검토하고 제7일인 안식일만이 옳다는 결론에 도달하여, 실레지아, 모라비아, 슬로바키아에서 극단적 안식일주의를 전파했다. 또한 루터파였던 매튜 페헤(Matthew Vehe)와 아담 노이저(Adam Neuser)도 같은 확신 속에 트란실바니아의 유니테리언들에게 안식일주의를 전파하여, 그 지도자인 프란시스 다비드(Francis David)를 개종시키도 했다.

둘째, 개혁주의를 대표하는 장 칼뱅은 제4 계명의 "실재들", 즉 제4 계명이 현대 그리스도인들에 대해 갖는 의미가 영적 안식이라고 해석했다. 영적 안식은 신자들이 자기 자신의 일을 포기하고 하나님의 일을 묵상하는 것이며, 죄악 된 성향과 욕망과 일들을 중지함으로써 하나님이 그들 안에서 역사하시게 하는 것이다. 즉 자기 부인, 육체와 정욕을 십자가에 못박음, 구원과 성화를 위해 하나님께 전적으로 의지하는 것 등이 칼뱅이 본 제4 계명의 본질이었다. 영적 안식은 공적 예배와 사적 묵상으로 표현되고, 가난하고 약한 육체노동자들을 위한 휴식이 제4계명의 부수적 요소로 포함되었다.

마틴 부처는 1548년부터 1551년까지 영국에 머물면서 영국 청교도들에게 큰 영향을 끼쳤다. 그는 주일에 일하는 것은 물론, 육신의 일에 전념하고 돈을 버는 일, 형제의 거룩함을 방해하는 일, 연극과 서커스와 놀이와 쾌락을 법으로 금지시키고자 하였다.

> 비록 우리는 모든 모세의 가르침으로부터 자유롭고, 고대 이스라엘에 부과되었던 안식일과 다른 절기를 지킬 의무는 없지만, 그럼에도 우리는 그리스도에 대한 믿음을 증대하기 위하여, 그리스도의 왕국이 더욱 많이 드러나도록 옛 규정보다 더 열심히 주일을 지켜야 한다. 그러므로 주일을 분명하게 신앙적인 일로 거룩하게 하는 것이 우리의 의무이다.

끝으로, 경건주의를 대표하는 야콥 슈페너도 루터보다 안식일 계명을 훨씬 더 엄격하게 적용했다. 즉, 그는 모든 신자들이 주일에 일하지 않고, 개인적이고 공적인 예배에 참석하며, 이웃을 위해 사랑을 실천하고, 모든 죄짓는 일과 육체의 쾌락을 도모하는 일을 금지하도록 권면했던 것이다.

청교도

영국의 청교도와 그 이후의 비국교도들은 은혜의 언약 속에서 십계명의 안식일로서 일요일을 엄수했지만, 구약의 안식일 규정까지 주일에 지키려고 했다. 영국 청교도의 안식일주의에 중요한 영향을 끼친 사람은 니콜라스 바운드(Nicholas Bound)였다. 그는 『안식일의 참된 교리』(True Doctrine of the Sabbath, 1595)를 써서, 기독교인들도 유대인들처럼 안식일을 지켜야 하며, 이 안식일이 바로 주일이고, 주일을 첫날보다는 안식일 혹은 제7일이라고 다시 불러야 한다고 주장했다. 이에 대해 제임스 1세가 『스포츠 책』(The Book of Sports, 1617)을 발행하여 대응했는데, 그는 이 책에서 예배 시간 이외에 행하는 옛날부터 내려오는 무해한 백성들의 놀이는 허용했다.

청교도들의 치열한 노력의 결과, 찰스 1세가 통치하던 1625년에 '주일준수법'(Sunday Observance Act)이 통과되어 주일휴식을 법적으로 규정했고, 1644년에는 『스포츠 책』이 완전히 폐기되었다. 1647년에는 『웨스트민스터 소요리문답』에 다음과 같이 안식일 규정이 삽입되었다. "모든 신자는 주일에 세상일을 멈추고 안식해야 하며, 오락뿐만 아니라 모든 세상적인 언어와 생각까지도 삼가며, 하나님께 예배하는 공적 일뿐만 아니라 사적인 훈련도 온전히 해야 한다." 뿐만 아니라, 1610년에는 버지니아 주가 법률을 통해 모든 성인이 주일에 두 번(아침과 저녁) 공적 예배에 참석하는 것을 의무화했다. "모든 남자와 여자는 안식일 아침에 예배와 설교에, 그리고 오후에는 예배와 문답식 공부에 가야하며, 첫 번째로 어겼을 때는 그들의 다음 주 식량과 수당을 잃게 되고, 두 번째로 어겼을 때는 앞서 말한 수당을 잃는 데다 채찍도 맞게 되며, 세 번째로 어겼을 때는 죽게 된다."

이런 청교도의 정신은 소위 최후의 청교도로 불리는 조나단 에드워즈 안에서 절정에 달했다. 에드워즈는 일생동안 주기적으로 청교도적 안식일 규정을 방어하기 위해 힘을 쏟았다. 그는 특히 1730년부터 1731년까지 자신의 교회에서 행한 설교, "안식일의 영속성과 변화"(The Perpetuity and Change of the Sabbath)에서, 제4계명을 창조질서에 근거한 도덕명령으로 간주하지 않았던 당시 성공회의 표준적 입장과 기독교적 안식일은 토요일에 준수되어야 한다고 주장했던 제7일 안식일주의자들에 각각 반대하면서, 안식일과 주일의 연속성과 비연속성을 함께 지적했다. 즉, 에드워즈는 천지창조부터 하나님은 모든 인류가 '7일 중 하루 안식'을 준수하도록 규정하셨고, 옛 언약 아래서 제정된 날, 즉 토요일은 그리스도 안에서 새 언약의 축복의 빛 속에서 일요일로 바뀌었다고 주장한 것이다. 이로써, 안식일을 주일로 이동한 기독교 전통은 그대로 보존하되, 안식일에 대한 구약의 규범을 주일에 그대로 적용함으로써, 안식일 정신의 지속성도 동시에 강조했다.

한편, 미국에서 청교도의 성서주의와 분리주의적 성향은 몇 가지 극단적인 안식일주의 운동을 탄생시켰다. '제7일 침례교'와 '제7일 안식일예수재림교'가 대표적이다. 먼저, 제7일 침례교회는 1650년대에 영국에서 출현했으며, 1671년에 미국에 최초의 교회가 세워졌다. 그들은 "성경의 안식일, 제7일이 거룩한 시간이며, 모든 백성을 향한 하나님의 선물이고, 창조 때에 제정되었으며, 십계명에서 확증되었고, 예수와 사도들의 가르침과 모범 속에서 재확증되었다"고 믿는다. 특히, 그들은 안식일이 안식, 예배, 기념의 날로 신실하게 준수되어야 한다고 주장한다. 또한, 제7일 안식일예수재림교회는 19세기 중반 미국에서 밀러운동으로부터 탄생했으며, 1863년에 공식적으로 조직되었다. 이 운동이 발전하면서, 안식과 예배의 성경적 날에 대한 질문이 제기되었는데, 조셉 베이츠(Joseph Bates)가 초창기에 이 운동에서 안식일준수 문제를 주도했다. 그에 따르면, 기독교인들은 하나님의 율법, 즉 제 7일째의 안식일을 지켜야 하며, 일요일을 안식일로 지키는 것은 콘스탄티누스 칙령 이후에 형성된 것이므로 비역사적이다. 그는 밀러파 설교자인 토마스 프레블(Thomas M. Preble)의 소책자에서 영향을 받고 안식일 교리에 관심을 갖게 되었다. 그런데 프레블은 제7일 침례교인이었던 오크스 프레스톤(Oakes Preston)의 영향을 받았던 것이다. 결국, 이런 영향사 속에서 이 교리가 안식교회 전체로 확산되었으며, 지금도 이 교회는 "안식일이 제7일에, 특히 금요일 일몰부터 토요일 일출까지 준수되어야 한다"고 법으로 규정하고 있다.

마치며

지금까지 서술한 내용들을 토대로, 다음과 같은 결론과 교훈에 도달할 수 있을 것이다. 먼저, 기독교가 안식일에서 주일로 예배와 휴식의 날을 바꾼 것은 다양한 신학적·사회적 요인들의 복합적 작용의 산물이었다. 예수의 부활, 천지창조, 예수의 재림 같은 신학적 요인들뿐 아니라, 교회가 처한 새로운 목회상황, 로마의 새로운 달력, 미트라교의 영향, 그리고 황제의 법령 등이 함께 결합하여 그런 결정적 변화를 초래했던 것이다. 따라서 이런 변화를 미트라교의 영향이나, 콘스탄티누스의 결정, 혹은 성경해석의 오류로 단순하게 설명하는 것은 적절하지 못하다.

둘째, 기독교는 유대교와 분리되어 새로운 종교로 발전하는 과정에서, 시간적으로는 안식일과 결별했지만, 내용면에서는 상당한 정도의 유산을 계승했다. 즉, 시간적 측면에서 교회의 공식 예배일을 토요일에서 일요일로 변경했지만, 주일성수의 내용은 안식일규정을 상당부분 그대로 수용했기 때문이다. 그래서 청교도의 표현처럼, 주일을 '기독교적 안식일'이라고 부르는 것은 이런 모순의 정확한 표현이다.

셋째, 내용적인 면에서 구약의 안식일이 휴식에 방점을 두었다면, 기독교의 주일은 예배를 강조한다. 물론, 기독교 전통에서 주일의 의미 속에 예배와 휴식을 함께 포함했지만, 이때 휴식은 그 자체로서의 의미와 가치 보다, 예배에 집중하기 위한 방편으로서 강조되는 경향이 있다. 그런 의미에서, 구약의 안식일에는 사회적 요소가 강한 반면, 기독교의 주일은 종교적 요소가 절대적이다.

끝으로, 향후 한국교회는 종전의 청교도적 주일사상을 기본적으로 유지하되, 두 가지 사항을 유념할 필요가 있다. 먼저, 주일이 예배와 휴식 모두를 포함한다는 사실을 기억해야 한다. 그동안 한국교회는 휴식보다 예배를 강조했다. 안식일과 주일을 혼용하면서, 정작 안식의 가치를 망각했던 것이다. 이런 맥락에서 잃어버린 안식의 회복이 향후 한국교회를 위해 절실히 필요하다. 또한, 한국교회는 주일에 대한 배타적 강조 때문에, 다른 평일의 가치를 약화시키는 일종의 '시간적 이원론'을 극복해야 한다. 주일의 가치를 부정할 수 없지만, 다른 시간도 하나님의 창조물이란 점을 기억하고, 모든 시간을 하나님께 성별하여 드리도록 훈련해야 한다.

참고문헌

이성덕. 『이야기 교회사』. 서울: 살림, 2013.

양낙흥. "안식일과 주일문제 연구" (http://blog.daum.net/joynmay/14, 2014년 8월 20일 접속).

Caldwell, Robert W. "Call the Sabbath a Delight: Jonathan Edwards on the Lord's Day." in *Southwestern Journal of Theology* vol. 47(Spring 2005): 191-205.

Ferguson, Everett. "Sabbath: Saturday or Sunday?: A Review Article." in *Restoration Quarterly* 23 no. 3 (1980): 172-81.

McCasland, Selby Vernon. "The Origin of the Lord's Day." in *Journal of Biblical Literature* 49 no. 1 (1930): 65-82.

Toy, C. H. "The Earliest Form of the Sabbath." in *Journal of Biblical Literature* 18 (1899): 190-93.

William, George H. "The Sabbath and the Lord's Day." in *Andover Newton Quarterly* 19 no. 2 N (1978): 121-28.

4장
사회적 안식일 신학을 향하여
— 한국교회 주일관, 무엇이 문제인가

김동춘

사회적 안식일 신학을 향하여
— 한국교회 주일관, 무엇이 문제인가

김동춘

주일신앙과 일상신앙

주일은 그리스도교 신앙 일과표에서 특별한 날이다. 물론 주일은 '특별한' 날이고, 일상은 보통의 날이거나, 심지어 무의미한 날이라는 사고는 근본적인 수정을 요한다. 모든 일상과 모든 날들이 주님께 속한 날이요, 주님께 드려야 할 날이다. 하나님은 '주일의 하나님'만이 아니라, '월요일의 하나님'[1]이기도 하다. 오히려 신자의 삶에서 '선데이 크리스챤'(sunday christian)이라는 협소함을 극복하고 일상 전체를 거룩하게 살아가는 일상의 영성, 일상생활 영성, 그리고 일터 영성이 필요하다. 말하자면 주일만이 거룩한 날이 아니라, 일상의 삶, 일터의 삶도 신자의 삶에서 참으로 거룩한 시간이므로, 일상에서 거룩한 세속성을 추구하면서 살아가는, 거룩한 일상의 영성이 요청된다.

그러나 오늘날 일상생활 신학이나 일터신학이 새롭게 부각되고 있음에도 불구하고, 그리스도인의 삶에서 주일신앙이 갖는 의미와 중요성을 가볍게 처리

---

1) 여기서 월요일이란 교회당 밖의 일상을 총칭하는 표현이다. 월요일의 하나님은 선데이 크리스챤처럼 주일 예배는 성별하게 드리면서, 월요일부터 시작하는 일상과 일터의 삶은 경시하는 불균형적인 영성을 비판하는 의미가 함축되어 있다.

할 수는 없을 것이다. 오늘날 일상·생활·신앙이 강조되면서 '주일신앙'에서 '일상의 신앙'으로 급속한 쏠림 현상도 감지된다. 주일예배신앙에 편중했던 한국교회의 신앙구조에서 일상속의 신앙과 일상의 신앙을 재발견하려는 움직임은 지극히 바람직한 현상이다. 그동안 한국교회가 신앙의 척도를 주일신앙으로 평가하던 예배중심의 신앙관을 넘어서서 '삶으로 드러나는 신앙', 그리고 '삶으로 드려지는 예배'가 그 어느 때보다 중요하게 인식되어야 할 시점에 와 있기 때문이다. 교회당 안의 신앙에서 교회 밖의 신앙이 새롭게 조명되어야 한다. 그러나 이러한 고민이 마치 주일신앙과 일상의 신앙을 충돌하는 양상으로 사고하는 경향에 대해 우리의 환기가 요청된다. '일상없는 주일'이나 '주일없는 일상'도 균형잡힌 건강한 신앙은 아니다. 일상없는 주일신앙은 삶이 충일하게 녹아 있지 않은 빈껍데기 신앙이며, 주일없는 일상의 삶 역시 신앙의 뿌리로부터 잘려나간 절음발이 신앙처럼 보인다. 그런 의미에서 한국교회는 일상속의 신앙도 회복해야 하겠지만, 희미해져 가는 주일 신앙도 그 본래의 의미를 재발견할 필요가 있다. 지나친 균형론적 사고라 할지 모르겠으나 온전한 신앙은 주일과 일상이 서로 만나고 결속되는 형태가 바람직하다.

그렇다면 주일은 그리스도인에게 어떤 의미가 있는가? 그리스도교 공동체에게 있어서 주일은 일상의 날과 구별된 날이다. 주일은 그리스도를 주님으로 고백하는 그리스도교 신앙공동체가 공적으로 회집하는 날이며, 공인된 예배의 날이다. 주일은 예배를 위해 그리스도의 몸된 지체들이 결집하는 날이며, 하나님의 말씀인 설교가 선포되는 날이며, 성찬을 집례하는 날이다. 또한 주일은 그리스도의 몸이 교회를 통해 가시적으로 구체화되고, 하나님나라의 원형인 교회가 생동적으로 실재하는 날이기도 하다.[2] 그런 점에서 주일은 그리스도인에게

---

[2] 이것은 역동적 교회론의 관점에서 설명하는 것으로, 세상속에 흩어져 있을 때도 교회는 그리스도의 몸을 이루는 교회이긴 하지만, 하나님 말씀이 선포를 통해 증언되고, 찬양이 울려 퍼질 때, 그리고 그리스도의 몸을 나누는 성찬이 시행되는 그 시간과 그 장소, 즉 주일의 공동체 예배에서 그리스도가 현존한다고 말할 수

있어서 일터와 직업의 장(場)에서 노동하며 보내는 일상의 날에 비해 특별하고 구별된 날임에 틀림없다.

변화하는 주일관: 주일전통에서 주일해체?

그런데 최근 한국교회에 주일관의 변화와 함께 그에 따른 교회생활에 변화가 일어나고 있다.[3] 그것은 금기적이며 규율적 교회생활로부터 탈출하려는 신앙패턴의 변화라고 할 수 있다. 어떤 점에서는 주일 해체적 사고도 팽배해지고 있는 듯 보인다. 주일신앙에 대한 규율적이며, 금기적 사고는 붕괴하는 과정에 있으며, 교회의 규제방식 일변도의 신앙패턴도 흔들리고 있다. 이러한 변화는 이원론적 세계관에 따른 금기적이며 계율적 신앙형태가 퇴조하고, 세속화적 세계관의 도래로 인해 현세지향적이며, 자아중심적인 신앙방식을 선호하는 경향에 따른 변화라 할 수 있다. 여기서 주일관에 대한 전통적인 이해가 달라지고 있다.

그런데 오늘날 주일관 논쟁에서 주목해야 할 부분은, 주일 해체적 경향의 근저에는 율법적인 주일전통에 대한 강한 비판적 사고에서 출발하여, 결국에는 그것을 안식일 폐기로 연결한다는 것이다. 그래서 주일해체 경향은 안식일 폐기론과 맞닿아 있다. 지금의 한국교회의 주일관은 교회적인 신앙생활로부터 규제를 강요받지 않는 방향으로 진행되고 있다. 금기적이며, 규율적 주일관으로서 주일성수의 관념이 사라지고 있는 오늘의 교회에서 우리는 어떻게 주일에 대한 신학적 대안을 정립할 것인가 깊이 고민해야 할 시점에 있다.

그럼에도 불구하고 한국교회 그리스도인들에게 건강한 주일관을 제시한다는 명분아래 흐트러진 주일 관념을 다시 율법 준수적으로 강화하여 철저한

있으며, 바로 거기서 가시적인 하나님나라의 한 차원이 명시적으로 드러난다고 말할 수 있다.
3) 일정한 교회에 소속되지 않고 익명성으로 신앙생활하며, 정기적인 주일예배에 참여하지 않는 소위 '가나안 성도' 현상이 대표적이다.

주일성수 방향으로 옥죄는 발상은 그리 바람직하지 않다.[4] 한국교회는 주일신앙을 강조하느라 일상의 신앙을 잃어버렸고, 지금은 다시 주일신앙도 잃어버릴 처지가 되었다. 그러므로 건강한 주일관의 회복은 주일개념 자체만으로는 불가능하다. 한국교회의 주일관이 워낙 율법주의 사고로 굳어 있기 때문에, 노동하는 인간에 대한 배려, 쉼의 권리보호, 일과 휴식 등, 안식일에 담긴 사회적 차원을 재발견하지 않고는 주일의 풍성한 의미파악이 불가능하기 때문이다. 주일성수에 갇힌 율법화된 주일관을 깨뜨리려면, 주일을 일상과 사회적 차원에서 연결하는 작업이 필요하며, 그러기 위해서는 주일을 안식일 신학의 관점에서 조명해야 한다.

이 글은 한국교회 그리스도인들이 잘못 이해하고 있는 주일관이 무엇인지 끄집어 보려 하고, 안식일과 주일의 관계를 신학적으로 어떻게 이해할 것인지 살펴보고자 한다. 무엇보다 안식일 망각의 신학적 원인을 율법과 복음의 관계에서 해명하고자 시도하면서, 안식일의 사회적 차원을 정리하여 나름대로 '사회적 안식일 신학'을 생각해 보고자 한다. 그리하여 오늘의 신앙 지평에서 우리가 주일과 안식일의 관계를 어떻게 정립할 수 있겠는가 정리해 보고자 한다.

I. 한국교회 주일관, 무엇이 문제인가

율법적으로 이해된 안식일적 주일

한국교회가 생각하는 주일이란 율법적인 안식일로서 주일이다. 정확히 말

---

4) 한국교회 주일관의 대안으로 전통적인 주일관을 복구해야 한다는 경향에 대해, 대한예수교장로회(합동) 총회교육진흥원이 주관한 '21세기 개혁주의 신학이 주일성수에 대해 묻는다'(2011.10.27)라는 심포지엄을 참고하라. 여기서 제시된 주된 논점은 주일성수와 안식일의 의미를 살리자는 균형론적 입장과 무너져 가는 주일성수와 주일성수 경시 풍토를 경계하고, 청교도신앙으로 돌아가자는 주일전통의 회복에 초점이 맞춰졌다. 총회교육진흥원 자료집, 「21세기 개혁주의 신학이 주일성수에 대해 묻는다」(2014. 10. 27).

해 '율법적으로 이해된 안식일적 주일'이다. 흔히 사용하는 '주일성수'(主日聖守), 혹은 '성수주일'(聖守主日)이란 표현에는 다분히 율법적인 냄새가 풍긴다. 주일은 창조주와 구속주 하나님을 향한 감사와 기쁨의 날이 아니라 의무적으로 '지켜야 하는 날'이다. 주일이란 구속받은 하나님의 언약백성에게 노동과 착취의 굴레로부터 인간적 쉼과 자유와 해방의 시간을 보장하는 사회적 차원의 안식일이 아니다. 주일은 교인으로서 지켜야할 규율과 의무규정으로 이해되고 있다. 반면 한국교회의 주일개념에는 초과 노동시간의 한계를 설정하여, 사회적 약자를 배려하고, 그들의 권리를 법적으로 보호하고, 주기적인 쉼을 보장하는 바, 일상과 일터속에 생존하는 사회-경제적 인간에 대한 공공정책의 성격을 안식일 규정에서 포착하려는 주일의 사회적 이해는 거의 전무하다고 할 수 있다.

그렇다면 한국교회는 주일을 어떻게 이해하고 있는가? 왜 한국교회는 주일을 그저 예배하는 날이요, 교회봉사하는 날로 이해할 뿐, 일터와 일상 문화와 관련되고, 사회 공공적이며, 인간학적인 차원을 생각하지 못하는 것일까?

예배와 일상이 분리된 주일관

첫째, 한국교회의 주일관은 노동으로부터의 쉼을 누리는 안식하는 날로서 주일, 말 그대로 '안식일로서 주일'이 아니라 예배와 봉사에 초점을 두는 '예배하는 날'로 이해한다. 주일은 주일예배와 교회봉사로 시간을 떼어 하나님께 온전히 바치는 성별된 날이다. 그래서 주일성수란 아침부터 저녁까지 예배와 봉사와 친교로 온종일 교회당에서 시간을 보내는 것을 의미한다. 그러므로 신자에게 거룩한 삶이란 윤리적으로 구별된 의미의 거룩이 아니라 세속과 구별된 교회당에서 보내는 것을 의미한다. 한국교회 신자들에게 거룩이란 세상으로부터의 분리를 의미하는데, 주일은 세속적 시간(월~토)으로부터 분리를 의미한다면, 주일의 교회당은 세속적인 공간으로부터의 분리를 의미한다. 주일성수란 이처럼 성별된 시간을 성별된 장소에서 보내는 것이라고 생각한다. 그런 점에서 주일은 신자의 구별된 삶을 보여주는 표식이 된다. 한국교회에서 통념적으로 인정하는 두 가지 신앙기준은 주일성수와 십일조이다. 주일성수는 '성별된 시간'을 '성별된 장소'에서 보내는 신앙 표시라면, 십일조는 '성별된 물질'을 드리는 신앙의 증표인 셈이다.

성속 이원론에 갇힌 주일관

둘째, 한국교회에게 주일은 싱(聖)과 숙(俗)을 분리하는 경계이자 차단막으로 작용하였다. 한국교회의 주일관은 성속 이원론을 주일과 일상에 고스란히 적용하여 이원론적 신앙관을 반영한다. 주일은 성스러운 날(sacred day)이지만, 평일, 즉 일상의 날은 속된 날(secular day)이다. 성스러운 주일은 주님께 드려야 하지만, 세속적인 평일은 어떻게 지내든 크게 문제되지 않는다. 대다수 목회자의 관심은 교인들이 주일예배에 출석하여 자리를 지키고, 주일헌금을 빠짐없이 드리면 된다고 생각한다. 그래서 신앙의 척도는 주일예배, 주일신앙, 주일봉사에 집중되어 있다. 왜냐하면 주일은 신령한 날이지만, 평일은 세속적이며, 육적인 날이기 때문이다. 주일은 성전(?)에서 영의 양식을 먹으며, 신령하게 보내는 날이고, 평일은 죄 많은 세상에서 썩어질 양식을 위해 일하며 살아가는 시간이다. 그러므로 주일은 교회와 세상을 시간적으로, 공간적으로 갈라내는 경계가 된다. 교회안의 주일은 성스럽지만, 교회 밖의 일상은 거룩하지 못한 날이요, 장소이다. 교회 '안'은 구원이 현재하는 공간이지만, 교회 '밖'은 저주와 멸망의 처소로 여겨지던 시절이 있었다. 결국 주일은 예배와 일상, 교회 안과 교회 밖을 배타적으로 구분짓는 도구가 된다. 한국교회에게 '감시와 처벌'이 있다면, 그것은 다름 아닌 엄격한 율법주의적 잣대로 검증하는 주일성수를 가리키는 말이다. 지난 날 엄격한 주일성수를 강조했던 시절에는 어떤 형태의 상거래도 금했기 때문에 교회에서 필요한 간식과 용품이라도 미리 구매해야 했으며, 돈을 주고받는 일조차 금지했기 때문에 어떤 교회는 교역자 사례비를 주일이 지난 월요일에 교회에 출근하여 수령하는 경우도 있었다.

징벌적 금기윤리로서 주일관

세째, 한국교회의 주일은 일종의 징벌적 금기윤리로 작용하고 있다. 지난 날 한국교회 그리스도인들의 문화관은 일상을 살면서 세속 문화를 일반은총의 산물로 향유하면서 문화를 창조해 나가는 변혁적 문화관이 아니었다. 그들은 문화에 능동적으로 참여하여 문화를 새롭게 형성해 나가는 문화변혁주의자로 살기보다, 그저 술 담배를 멀리하고, 특정 장소에 출입하지 않으면서 불신문화에 오염되지 않도록 자신을 분리하는 소극적인 금기 윤리에 머물렀다. 주일성수란 어쨌든 일을 하지 않기만 하는, 지극히 소극적인 의미로 생각하는 경향이 많다. 주일은 일을 금하고 예배드리는 날이지, 선을 적극적으로 실천하는 창조적인 생활 원리로 이해하지 않는다. 주일은 6일간의 창조 사역 후 쉼을 누리며 자신의 노동의 결과를 기뻐하시는 하나님처럼, 노동으로부터의 자유와 쉼을 누리며, 즐거워하며, 감사하며 지내는 날이 아니라, 주일예배를 빠지면 벌을 받지 않을까, 또는 재앙이 미치지 않을까 두려워하는 징벌적 의미로 이해하고 있으며, 그래서 주일은 어떤 경우라도 지켜야 하는 의무와 준수의 날이다. 그런 의미에서 한국교회의 주일관은 '율법적으로 이해된 안식일적인 주일'이라고 요약할 수 있을 것이다.

일반은총적 포용성과 사회적 공공성과 유리된 배타적 주일관

넷째, 한국교회의 주일관은 일반은총적이며 사회 공공적 인식이 결핍되어 있다는 것이다. 그들은 교회적 주일과 일상의 일요일사이, 종교적 주일과 사회적 공휴일사이에 어떠한 공유점을 갖지 못하고, 단지 교회안의 종교생활에 국한된 배타적인 주일로 이해하고 있다. 공휴일(公休日)은 말 그대로 누구나 쉴 수 있도록 허용된 공적인 휴일이지만, 교회의 주일은 믿는 이들에게만 유의미한 날로 인식되고 있다. 그만큼 교회의 주일은 세상을 품어 낼만한 공간이 없다.

그러나 관점을 달리하여 생각해 보면, 그리스도인들에게 주일은 예배의 날이며 종교적인 날이지만, 비그리스도인들에게 일요일은 직장업무를 멈추고, 가정으로 돌아와, 가족과 나들이를 하며, 영화를 관람하며 놀이를 즐기며 문화를 향유하고, 쉼을 누리는 날이다. 신앙인의 달력으로 제 칠일은 주일(主日), 즉 '주의 날'이지만, 교회 밖의 타자인 저들에게 일요일은 쉼의 일상이요, 공휴일이다. 교회가 그토록 주일을 강조해 왔음에도 불구하고, 세상의 일요일과 교회의 주일이 갖는 공유점에 대해서 거의 생각해 보지 않았다는 것은 새삼 놀라운 일이다. 주일과 일요일이 갖는 의미상의 간극은 차라리 적대적이라고 하는 편이 옳을 것이다. 어떤 일이 있더라도 주일예배를 드리고, 주일성수를 해야 하고, 주일을 범해서는 안된다고 설교하는 목회자들은 일요일이면 가족 동반 나들이를 하며, 유원지에서 휴일을 보내면서 여가를 즐기는 놀이문화나 쉼의 문화를 건덕스럽지 못하다고 비판하기 일쑤이다. 대부분의 설교자들은 그런 일요일의 일상을 죄와 저주아래 있는 모습으로 질타하곤 한다. 주일은 거룩히 구별하여 지켜야 하는 종교적 규율의 날이며, 예배하는 날이요, 교회봉사하는 날일 뿐, 노동에서 벗어나 쉼의 권리를 누릴 수 있는 공공의 날임을 그리스도인들은 전혀 이해하지 못하고 있다. 사실 일요일은 교회 밖의 불신자들도 누려야 할 일반은총의 시간이다. 그러나 불신자들이 일요일에 따사로운 날씨를 즐기며, 여유로운 쉼을 누리는 평온함은 그리스도인들과 목회자들에게 왠지 '불편한 평화'로 느껴진다. 그것은 우리 신앙인들이 일요일이란 모든 인간에게 쉼과 여유로움을 주며, 가정의 평화를 제공하고, 재충전을 통해 다시 일터로 복귀하게 하는 일반은총적 선물임을 전혀 인식하지 못하기 때문이다. 한국교회의 주일관에는 하나님께서 불신자들에게도 인간다운 쉼과 삶의 여유를 선물로 베푸신다는 일반은총적 사고를 담아낼만한 신학적 여유 공간이 없다. 그런 점에서 한국교회는 배타적 주일관을 넘어서서 주일의 일반은총적 의미와 사회 공공적 의미에 대해 '솔직한 이해'를 갖출 시점이 되었다. 생각해 보면 교회가 강조하는 주일개념이야말로 본래 안식일 개념이 의도하고 있는 바, 노동으로부터 쉼과 인간다운 여유를 제공하는 날이 아니라 도리어 숨가쁜 교회봉사와 교회활동으로 안식이 없는 주일, 곧 '비안식일적 주일'이 되고 있다는 것은 교회에 의한 주일의 심각한 왜곡이라고도 할 수 있다. 그런 점에서 주일의 신학적 의미보다 오히려 안식일의 의미를 새롭게 정립하는 작업이 중요하다. 그리고 안식일 개념의 재정립을 위해 왜 우리에게 안식일 개념이 사라졌는지 살펴보아야 할 것이다.

II. 왜 우리에게 안식일이 사라졌는가?

1. 율법적 안식일과 복음적 주일이라는 신학적 틀

'안식일에서 주일로'라는 도식

안식일과 주일 문제에서 가장 익숙한 도식은 '안식일에서 주일로'(from Sabbath to Sunday)[5]라는 틀이다. 그러나 과연 이 도식은 주일의 신학적 이해를 총괄하고 있다고 할 수 있을까? 오히려 이 도식은 안식일을 구약적인 것으로, 옛 언약의 산물로, 폐기되어야 할 율법의 규정으로 거세시켜 버리지는 않는가? 이 틀은 안식일과 주일을 연결하여 보지 않고 대립의 틀에서 바라보게 한다. 이것은 우리의 주일관을 안식일과 배타적인 것으로 이해하게 한다. 그러므로 우리는 도리어 '주일에서 안식일로'(from Sunday to Sabbath) 거슬러 올라가서 안식일에 대한 구약적 의미를 새롭게 파악하는 것이 필요하다고 본다.

---

5) D. A. Carson(ed,), *From Sabbath to Lord's Day: A Biblical, Historical and Theological Investigation*, Eugene, Or.: Wipf & Stock Pub, 1999.

우리는 단적으로 이런 질문을 던지고자 한다. 어쨌든 안식일은 하나님께서 모세를 통해 이스라엘에게 주신 십계명이 아닌가? 십계명은 폐하여 진 것이 아니라 신자들에게 여전히 유효한 명령이요, 그리스도교가 준수해야 할 도덕적 총괄 명령이 아닌가? 우리는 십계명이 구속받은 하나님의 백성에게, 그리고 인류에게 주시는 항구적인 명령이요, 도덕적 준수명령으로 여전히 유효하다고 말하면서, 설교와 교육에서 그렇게 가르치면서 왜 유독 안식일 계명은 폐기되었다고 말하는가?

그러므로 '안식일로부터 주일로' 라는 도식아래 안식일을 전제하지 않고, 곧장 주일로 건너 뛰는 해석학적 비약에 대해 다음과 같은 문제의식을 가지고 새롭게 접근하려고 한다.

첫째, '안식일로부터 주일로'의 도식은 모든 논의를 신약적 관점에서 주일 중심의 사고로부터 출발한다는 문제가 있다. 여기에는 안식일은 그림자일 뿐이며, 주일은 안식일의 완성이라는 전제가 깔려있다. 이 전제는 안식일은 신약의 주일과 비교할 때, 예비적인 것, 모사적(模寫的)인 것, 실물이 아니라는 사고가 깔려있다. 그렇게 될 때, 안식일은 우리의 시야에서 사라지고, 주일만 유의미하게 남게 된다. 그러므로 안식일 자체의 고유한 의미를 파악하기 위해서는 구약적 관점에서 안식일의 의미를 새롭게 정의할 필요가 있다.

둘째로, 주일의 그림자로서 안식일이 아니라, 다시 말해 그리스도론적 의미로서 안식일이나, 발전-완성의 관점에서 안식일-주일 관계가 아니라, 그리고 그 둘을 구속사적 맥락이 아니라, 6일간의 창조사역에서 창조의 극치(climax)로 이해해야 한다. 몰트만은 '창조의 완성은 인간이 아니라 안식일이다'라는 획기적인 명제를 제시하여 안식일이야말로 '창조의 면류관'(crown of creation)이라고 말한다.[6] 그러므로 창조신학적 관점에서 안식일의 위상을 새롭게 해석해야 한다.

---

6) 지금까지의 전통신학은 인간을 자연계(피조물)에서 가장 으뜸이요, 절정이라고 위치시켜 왔다. 그리하여 인

셋째로, 안식일이 없이 주일도 없다. 율법과 복음의 관계를 대립적으로 접근하듯, 안식일과 주일을 모순(paradox)과 대립(antithesis), 그리고 불연속(discontinuity)의 관계가 아니라, 서로 일치하고, 연결되는 연속성(continuity)의 관점에서 해석해야 한다. 안식일은 그림자이며, 주일은 안식일의 완성이라는 틀에서 출발하지 않고, 오히려 안식일은 기독교가 망각하고 있는 유대교의 유산이며, 뿌리로서 출발해야 한다. 그리하여 안식일이 갖는 신학적, 실천적 의미가 제대로 포착될 때, 주일의 의미도 온전하게 정립될 것이다.

'율법적 안식일'과 '복음적 주일'이라는 잘못된 대립

주일관을 새롭게 정립하려 할 때, 두 가지 방향이 있다. 하나는 주일성수 개념이 무너지고 있다는 전제아래 전통적인 주일관을 강화하는 방향으로 접근하거나, 반대로 지금의 주일관은 율법주의적으로 이해된 주일관이므로, 전통적인 주일관을 비판하고, 그로부터 탈피하려는 방향이 있다. 그런데 전통적인 주일관에서 탈피하는 것이 대안이라고 생각하는 입장에서는, 율법적 주일관의 뿌리는 궁극적으로 안식일적 사고에 있다는 잘못된 결론을 내린다. 그래서 율법적 주일관을 극복하고, 주일의 본래의 의미를 되살리기 위해서는 안식일 개념을 폐기해야 한다고 생각한다.

그래서 그들은 신약적 의미의 주일관 회복을 위해서는 구약적 안식일 개념을 폐기해야 한다는 것이다. 즉 '신약의 복음적 주일' 개념을 되살리기 위해 '구약의 율법적 안식일' 개념을 폐기해야 한다는 것이다. 그들은 이제 안식일은 더 이상 그리스도인들이 지켜야 할 규례가 아니라고 주장한다. 그 이유는 안식일은 신약의 그리스도인들이 준수할 필요가 없는 구약적 개념이요, 율법적 준수개념

간은 하나님의 창조사역의 왕관이라고 규정해 왔으나, 몰트만은 대담하게 창조의 면류관은 인간이 아니라 안식일이라고 하는 다소 획기적인 주장을 제시했다. 위르겐 몰트만, 『창조안에 계신 하나님』, 김균진 역, (서울: 한국신학연구소, 2004), 395.

이라는 것이다. 이러한 사고는 '안식일-주일' 관계를 '율법과 복음'(law and gospel)의 관계로 사고하는 데서 파생된다. 그리하여 안식일은 강제와 심판으로 다스리는 율법시대의 규정이며, 주일은 복음과 은혜로 살아가는 신약의 그리스도인들의 규례라는 것이다.

성경해석의 문제로서 안식일-주일

여기서 안식일과 주일을 율법과 복음의 틀에 근거하여 해석하는 것은 성경해석의 측면에서 예민한 주의가 필요하다. 안식일을 마치 복음과 대립하는 율법의 관점에서 이해하면서 안식일 폐기론으로 귀결시키는 이 해석은 성경 전체의 틀, 즉 구약과 신약을 대립의 관점에서 이해하고, 율법과 복음을 서로 모순되고 반대된다는 틀에서 설정하기 때문에 성경해석상의 오류에 빠지게 된다. 성경을 이렇게 접근한다면, 구약은 율법이며, 신약은 복음이며, 구약시대는 율법시대이며, 신약시대는 복음의 시대이며, 구약의 이스라엘 백성은 율법을 행함으로 구원받고, 신약의 그리스도인들은 복음을 믿음으로 구원받는다는 결론에 도달하게 된다. 이러한 성경해석의 전제를 가지고, '안식일에서 주일로' 라는 표제어를 '구약에서 신약으로', 그리고 '율법에서 복음으로'라는 틀에 적용한다면 안식일 폐기론에 도달할 수 밖에 없으며, 그것은 안식일-주일 관계에 대한 성경해석에 심각한 문제를 초래한다.

먼저, 구약과 신약을 율법과 복음의 틀에 따라, 구약은 율법이며, 신약은 복음이라고 말한다면, 이 관점은 세대주의적 성경해석이거나, 좀 더 냉정하게 말해 구약을 경시하고 부인하려 했던 마르시온적 성경관과 유사한 측면이 발견된다. 구약성경의 가르침이 율법이라면, 그래서 율법이 그리스도의 오심으로 폐하여졌다면, 우리는 구약성경을 버려야 할 것이다. 그러나 그리스도는 율법을 폐하려 오신 것이 아니라 완성하러 오셨다(마 5:17). 더구나 '인자는 안식일을 폐하려 왔다'고 말한 적이 없다. 다만, '인자는 안식일의 주인이다'(마 12:8; 막 2:28; 눅 6:5)라고

하셨는데, 그것을 마치 그리스도 오심으로 안식일 폐지의 근거 본문으로 사용하는 것은 잘못이다. 그리고 무엇보다 신약성경의 빛에서 안식일의 폐지란 어떤 측면에서 폐지를 의미하는 것인지 면밀한 설명이 필요하다.

한편 주류적 성경해석방법에서 자주 발견되는 것으로, '신구약 성경 전체는 그리스도를 계시한다'는 그리스도중심중심적 성경해석(루터의 성경해석이 가장 대표적이다)은 구약의 모든 이야기, 사건, 교훈은 그리스도의 모형이며, 장차 올 그리스도에 대한 그림자요 예표일 뿐이라고 해석한다. 만약 구약의 역사적 사건과 내러티브는 전적으로 그리스도에 대한 예표나 모형에 불과하다면, 구약성경에 기록된 가족사와 족장사, 그리고 사회-정치사적인 이야기는 그리스도를 영적으로 비추어주는 의미로 축소되고 말 것이다. 그것은 특히 구약을 '가현설적 성경'으로 만들어 버릴 위험이 있다. 이러한 성경해석방식을 안식일-주일 관계에 적용할 경우, 안식일은 주일에 대한 약속일뿐이며, 주일은 안식일의 성취라는 의미로 해석되면서, 안식일이 담고 있는 사회적 차원을 놓치게 된다. 이처럼 안식일을 신약의 주일의 관점에서 해석하는 방식은 구약안에 담고있는 안식일의 중심 메시지인 시간의 거룩한 구별과 사회적 함의를 놓치게 되고, 결국 그리스도를 예표하는 영해주의적 해석의 위험성에 노출된다는 점을 유의해야 한다. 이제 안식일의 구약적 의미파악으로 돌아가자는 것은 주일을 율법주의적 안식일로 회귀하려는 것이 아니라 구약안에 담지된 안식일의 본래적인 의미를 재발견하려는 것이며, 하나님의 계시의 말씀인 구약을 신약과 동등하게 취급하면서 그 의미를 파악하자는 것이다.

율법과 복음 vs 복음과 율법

'안식일에서 주일로'라는 도식은 구약의 안식일은 율법이요, 신약의 주일은 복음이라는 전제가 깔려있다. 결국 안식일-주일 관계를 어떻게 해석할 것인가는 율법과 복음의 관계를 어떻게 이해하는가의 문제로 연결된다. 율법과 복음을 모순과 대립으로 사고하는 관점은 일반적으로 알려진 것과 달리 루터라기보다 오히려 루터주의에 더 가까운 사고이다.[7] 루터에 따르면 율법과 복음은 서로 '대립'하지만 '일치'한다. 율법과 복음은 예리하게 구분될 수 있어도, 분리될 수 없으며, 그 둘은 대립가운데 서로 결합하고 연결되어 있다.[8] 루터는 율법과 복음을 구속사적으로 보려고 하지 않고, 구약과 신약에서 서로에게 변증법적 관계로 보고 있다.

그런데 율법과 복음에 대한 루터의 구분에서 특징적인 것은 '구약은 언제나 율법이고, 신약은 언제나 복음'이라는 도식은 잘못이라고 말한다. 율법에 해당하는 본문에도 복음적인 측면이 있고, 복음에 해당하는 본문에도 율법적인 측면이 있다는 것이다.[9] 그래서 루터는 율법의 총체인 십계명에서 '복음'을 발견한다. 다시 말해 루터는 구약의 율법속에서 복음이 발견된다고 본 것이다. 따라서 루터에 의하면, '율법은 복음에 의해 폐기되지 않는다'.[10] 루터에 의하면 율법은 그리스도에 의해 성취되었으므로 구원의 길은 아니지만, 그렇다고 하여 율법이 단순하게 폐지된 것이 아니다. 하나님의 계명으로서 율법, 경고로서 율법, 그리고 하나님의 뜻을 알리는 고소기능으로서 율법은 여전히 유효하다고 말한다.[11]

그렇다면, 율법은 어떤 측면에서 폐지되었다고 할 수 있는가? 율법은 인간

---

[7] 율법과 복음의 관계에 대해 루터(루터파가 아니라)와 개혁파의 관점은 알려진 것보다 상당히 일치점을 가지고 있다고 평가하고 있다. 참고, John Hesselink, "Law", in: Donald K. McKim(ed.), *The Westminster Handbook to Reformed Theology*, Louisville: Westminster John Knox Press, 2001, 134-136.

[8] Paul Althaus, *Die Theologie Martin Luthers*, (Guetersloher Verlagshaus: Gerd Mohn, 1975), 223-224.

[9] 베른하르트 로제, 『마틴 루터의 신학』, 정병식 역, (서울: 한국신학연구소, 2002), 376.

[10] 베른하르트 로제, 『마틴 루터의 신학』, 374.

[11] 루터는 율법은 하나님의 말씀으로서 영원까지 항존하기 때문에, 하나님 말씀으로서 율법은 사라지지 않고 남게 될 것이라고 말한다. 그는 정죄받는 자에게는 성취해야 할 율법으로, 구원받은 자에게는 성취된 율법으로 남을 것이라고 강조한다.

에게 요구하고, 강요하고, 고발하고 정죄하는 측면에서 폐지되었다. 왜냐하면 그리스도는 율법의 마침이시며, 율법을 성취하셨기 때문이다. 따라서 율법의 정죄하고 고발하는 기능은 폐지되었지만, 인간을 향한 하나님의 뜻으로서 율법의 타당성은 폐지되지는 않았다. 율법의 내용은 인간에 대한 하나님의 선한 뜻인데, 바로 그런 의미의 율법은 여전히 존속한다는 것이다.[12] 여기서 개혁신학은 루터파 전통보다 진일보하여 은총 우위적 사고에 근거하여 '율법과 복음'의 배열을 '복음과 율법'의 순서로 뒤집어 바라본다. 그러므로 여기서는 율법과 복음은 대립과 대칭이 아니다. 개혁신학은 구약도, 율법도 적극적으로 복음의 지평에서 해석하는 것이 타당하다고 말한다(물론 루터 역시 율법에도 복음적 측면이 있음을 인정한다). 그렇다면 안식일은 단순히 율법의 기능으로 간주할 뿐 아니라, 그 자체가 복음적 의미를 담고 있으며, 은혜의 측면이 있다는 것을 주목해야 한다.

2. 안식일은 은혜의 법이다.

구속에 대한 감사로서 안식일

이제 안식일은 율법의 기능만이 아니라, 도리어 복음의 관점에서 해석되어야 한다. 안식일은 한국교회에서 인식되어 온 것처럼, 율법의 준수규칙이나 의무사항이나 구원을 위한 수단이나 공로나 행위와 같은 의미에서 율법준수의 표식이 아니다. 오히려 안식일은 구속받은 신자의 구속에 대한 은혜와 감사로부터 나오는 신자됨의 표지라는 관점에서 이해되어야 한다. 안식일은 구원받기 위해 준수해야 할 신자의 의무행위나 행위규칙이 아니라 오히려 출애굽을 통해 보여주신 하나님의 구속의 업적에 대한 결과로서, 구원하신 하나님의 구원행업에 대한 응답으로서 드러내야 할 신자의 표지라는 것이 재조명되어야 한다. 만

---

12) Paul Althaus, *Die Theologie Martin Luthers*, 232.

일 안식일이 율법으로서 지켜야 할 행위규칙이 아니라 도리어 구속받은 신자의 응답으로서 행해져야 하는 것이라면, 다시 말해 안식일이 율법주의적 행위에서 출발하는 구원론적 동기가 아니라 반대로 구원에 대한 감사로서 우리에게 주어진 복음과 은혜의 차원이라면 안식일을 주일의 대립 개념으로 사고할 하등의 이유가 없게 된다.

안식일과 주일을 단절이나 대립이 아니라 연속성의 관점에서 사고하는 데에는 최근 바울신학의 경향이 유대교의 신학적 근거들을 바울신학으로부터 분리하기보다 오히려 연결하고 있으며, 바울신학의 신학적 관념들도 유대주의의 관점에서 재해석하고 있다는 점을 고려할 필요가 있다. 따라서 안식일을 구약의 율법주의라는 관점에서 설명하고, 주일을 신약의 은혜주의적 관점에서 설명하면서, 안식일과 주일을 대립과 모순과 충돌의 틀에서 해석하는 것은 심각한 해석학적 문제가 있다는 점을 지적하고자 한다.

복음적 법으로서 안식일

중요한 것은 안식일은 죄를 정죄하는 율법이 아니라, 그 자체가 복음적 의미를 함축하고 있다. 또한 안식일법은 그것을 준수함으로써 구원을 획득하는 행위론적 규례가 아니라 이미 출애굽을 통한 자유와 해방을 경험하고, 지금은 구원의 시간안에 들어 온 하나님의 백성들에게 주시는 자유와 해방의 법이요, 은혜의 법이다. 안식일의 본질적 의미는 인간의 죄된 탐욕으로 인간을 노예화하는 모든 사회적 구조로부터, 그리고 억압의 굴레로부터 벗어나게 하는 자유와 해방의 법이다. 이 안식일 법은 생존을 위해 일해야 하는 노동기계요, 비인간적 인간이요, 노예적 인간으로 전락할 인간들을 하나님의 형상으로서 인간의 존엄성을 회복하게 하고, 인간을 동물적 차원으로 전락시키는 고대노예제 사회에서 파생되는 폭력적인 사회시스템으로부터 인간과 동물까지도 보호하시려는 해방자하나님의 은혜로운 명령으로 시발되는 자유와 해방의 법이다.

III. 안식일은 폐기되어야 하는가?: 폐기될 것과 보존되어야 할 것

의식법으로서 안식일은 폐기되어야 한다.

이 글에서 안식일 폐기가 부당함을 논증하고 있다 하여 마치 제칠일 안식일 예수 재림교회(the Seventh Day Adventist Church)나 하나님의 교회 재림 그리스도 안 상홍파의 잘못된 주장처럼 주일을 폐지하고 안식일 준수로 회귀해야 한다고 판단한다면 크나큰 오해이다. 결론적으로 말한다면, 신약의 관점에서, 그리스도는 율법의 완성이므로 의식법적인 안식일은 더 이상 유효한 규정으로 준수될 이유가 없다. 사도 바울은 "먹고 마시는 것과 절기나 초하루나 안식일"(골 2:16)을 가리켜 말하기를, "이것들은 장래 일의 그림자이나 몸은 그리스도의 것"(골 2:17)이라고 말한다. 여기서 '먹고 마시는 것'이란 성소에 드려진 제물을 제사장이 먹고 마시는 규정들을 말하며,[13] '절기'란 유대인들이 '매년 준수하는 절기'를 가리키며, '초하루'는 매달 음력 초하루에 번제물과 화목제물을 드리는 규례로 '매월 지키는 날'이며, 안식일은 '매주 지키는 날'이었다. 바울은 이러한 '매년 지키는 절기'와 '매월 지켜야 하는 날들의 규례', '매주 지키는 안식일의 날'은 그리스도를 보여주는 장래 일의 그림자이므로 그리스도의 초림과 함께 유대전통의 의식법은 폐하여 졌다고 말한다. 그런데 여기서 안식일이 폐기되어야 한다고 할 때, 그것은 유대교가 준수해 왔던 각종 제사제도, 할례규례, 부정한 음식을 먹는 규례와 같은 '의식법(儀式法)으로서 안식일'을 말하는 것이지, '도덕법으로서 안식일'까지 폐기되었다는 의미는 아니다.

안식일이 어떤 측면에서 폐지되었는지 좀 더 구체적으로 설명하고자 한다. 하나님께서 이스라엘 백성에게 주신 율법에는 의식법(ritual law), 시민법(civil law), 도덕법(moral law)이라는 3가지 형태가 있다. 의식법으로서 율법은 제사, 할례, 절

---

[13] 어떤 경우는 여기서 먹는 행위는 금식 행위를 통해 거짓 겸손을 꾸며내는 위장된 태도를 의미한다고 말한다.

기, 월삭과 같은 규례들인데, 이것은 그리스도를 보여주는 예표요, 그림자이므로, 실물이신 그리스도의 오심으로 성취되었으므로 그러한 의식법들은 무효화 되었으므로 폐하여 진 것이다. 또한 시민법(civil law)으로서 율법이 있는데, 이 법 규들은 이스라엘 사회질서를 유지하기 위해 제정한 배상법(타인에게 상해를 입힌 행위에 대한 배상), 재판법과 처벌법(범법자에 대한 형벌)과 같은 법인데, 이것은 신정정치의 실현을 위해 특수한 신정국가 상황에서 만들어진 법 규정이므로, 오늘날과 같은 사회에는 실효성이 없으므로 이 역시 폐지되었다고 할 수 있다. 그러나 시민법의 일부조항은 적용될 수 있는 법들도 있다고 할 수 있다. 마지막으로 도덕법으로서 율법이 있는데, 약자보호법, 가난한 자에 대한 돌봄, 이웃사랑과 같은 법으로 하나님의 뜻에 따라 이웃과의 관계에서 정의와 사랑을 실천하는 윤리적 규범이므로 도덕법은 항구적으로 유효한 법이다.

그렇다면 안식일은 의식법인가, 시민법인가, 도덕법인가? 우선 안식일법은 의식법의 차원을 포함하고 있다. 안식일법은 제사법이 아니며, 속죄제의 기능을 담당한 것도 아니었지만, 유대교에서 정기적으로 성별하게 준수되어야 할 종교적 의례(ritus)였다. 이 날은 굴뚝에 연기가 나오면 안되었으며, 나무를 하거나 무거운 짐을 지고 이동해서도 안되었고, 오락을 금하라는 규정에서 의식법적 측면을 보여준다. 안식일은 종교적 거룩성을 보여야 하고, 의례준수의 날이라는 점에서 의식법의 성격을 지니고 있다. 또한 안식일법은 이스라엘 공동체안에서 준수되어야 할 사회윤리적 규정이다. 무엇보다 안식일은 가난한 자들, 노동하는 사람들, 사회적 약자의 권익을 보호하고, 쉼을 보장한다는 점에서 도덕법의 성격을 지닌다.

그러므로 안식일이 폐기되어야 한다고 할 때, 그것은 의식법으로서 안식일을 말한다고 해야 한다. 신약의 바울이 안식일의 폐기를 말할 때, 그것은 그리스도를 보여주는 '장래 일의 그림자'로서 안식일이 '폐하여 졌다'는 말이다. 안식일 폐지란 안식일을 신약의 빛 아래서 의식법으로 간주할 때, 분명히 폐지되었다고 할 수 있다. 그러나 안식일을 구약의 관점에서, 무엇보다 안식일을 십계명의 한 항목에 속한 하나님의 명령으로 볼 때는 폐지된 것이 아니다. 왜냐하면 십계명은 구속받은 하나님 백성들이 순종해야 할 항구적인 계명이면서, 모든 인간이 준수해야 할 도덕적 계명이기 때문이다.[14] 안식일법은 십계명 가운데 제 4계명에 해당하는 도덕법이므로,[15] 도덕법으로서 안식일은 폐기될 수 없으며, 폐기되어서도 안될 것이다.

그러므로 의식법으로서 안식일은 폐지되었지만, 도덕법으로서 안식일 규정은 폐지된 것이 아니다. 이제 의례 종교적 안식일은 당연히 폐기되어야 한다. 특정한 날을 의식법으로 사고하여 준수하는 안식일은 이제 신약을 사는 그리스도인에게 무의미한 것이다. 그러나 안식일에서 주일로 옮겼다 하더라도 여전히 의식법적 사고를 가지고 주일을 성수하는 사고를 지닌다면, 비록 주일예배를 드린다 해도 여전히 '율법적인 안식일적 주일'이 되고 말 것이다. 따라서 안식일 예배인가, 주일예배인가 하는 '날'에 대한 선택 문제가 주일논쟁의 핵심이 아니라 안식일과 주일이 담고 있는 본래적인 내용을 예배와 삶속에서 담아내고 있는가가 더 중요한 문제일 것이다.

---

14) 십계명은 이스라엘 백성에게만 주어진 특수한 명령인가, 아니면 전체 인류에게 보편적으로 주어진 명령인가 하는 문제가 제기될 수 있다. 전자의 관점은 십계명은 하나님의 특별한 구원 경험안에 들어 온 그의 백성에게 주어진 독특한 신학적이며, 종교적 명령이다(특히 십계명의 1-4 계명). 그러나 바울은 비록 이방인들이 율법(십계명)을 받지 않았더라도 양심이 율법의 기능을 한다고 말한다. 양심 역시 하나님께서 아프리오리(a priori)하게 주어진 것이라면, 모든 인간에게도 보편적으로 지켜야 할 도덕적 의무와 최고선에 도달할 명령을 받았다고 할 수 있다.

15) 십계명은 의식법과 도덕법의 성격을 보유하고 있다. 그 가운데 특히 안식일 계명은 단지 도덕법만이 아니라 의식법이기도 하다. 안식일은 종교 의례적 요구가 포함되어 있기 때문이며, 또한 약자보호법과 이웃사랑의 차원을 함축하고 있기 때문이다. 그런데 신약시대의 도래와 함께 그리스도의 오심으로 안식일 폐기를 강조하는 입장에서는 안식일을 의식법으로 간주하여 안식일 폐지의 정당성을 확보하려고, 제칠일예수재림교처럼 안식일의 유효성을 강조하는 입장과 안식일을 오늘날에도 타당한 사회윤리적 규범으로 강조하려는 입장은 안식일의 성격을 도덕법으로 규정한다.

안식일의 사회적 요구는 여전히 유효하다.

만일 안식일을 율법주의적 잔재로 치부하면서 '안식일 폐기론'이나 '안식일에서 주일로'라는 프레임을 들이 댄다면, 안식일이 보유하고 있는 약자보호법적이며 사회보장법적인 측면들, 즉 안식일의 사회적 차원을 모조리 폐기처분하는 결과를 가져 올 것이다. 안식일은 그야말로 생존을 위해 불합리한 노동시장과 노동구조에 자신을 맡기지 않으면 살아갈 수 없는 밑바닥의 사람들에게 삶을 보존하며 지탱하는 사회적 장치이다. 그리고 안식일은 가능한 한 더 많은 노동을 강요함으로써 부요한 삶을 확대하려는 소비지향적 삶의 방식에 대한 일종의 '저항'이다.[16] 다시 말해 안식일의 시간은 내일과 미래를 향해 멈추지 않고 앞을 향해 돌진하면서 시간적 진보와 공간적 확장을 최고의 삶의 가치관을 삼으려는 직선적 시간의 인간과 그런 방식으로 작동되는 사회 시스템에 대해 '숨을 돌리게 하고'(출 23:12), '일시 정지'를 요구한다. 안식일의 시간윤리는 무한대의 성장과 진보, 팽창을 숭배하는 현대인에게 창조주 하나님을 기억하고, 피조물적 한계를 인식하고, 현재 주어진 삶으로도 감사하며 살아 갈 것을 요구하는 순환적 시간윤리를 제시한다. 직선적 시간안에 살아가는 인간상은 타인에게 눈길을 두지 않고, 경쟁에서 승리를 위해 앞만 보고 질주하라고 독려한다. 반면 유대교의 유일신 신앙에서 출현한 안식일의 시간구조는 지극히 순환적이다. 안식일의 순환적 시간구조가 일신론적인 유대교적 배경에서 출현된 것이라면, 동방교회 전통이 발견한 성부, 성자, 성령 삼위일체 하나님의 사회적 순환의 삶의 방식은 '시간적 순환'을 '사회적이며 관계적 순환'으로 연결하는 맥락에서 연결할 수 있을 것이다. 이것은 유대교의 안식일적 시간관념은 기독교의 사회적, 순환적 삼위일체론에서 그 접합성을 찾을 수 있다는 의미이다.

---

[16] Walter Brueggemann, *Sabbath as Resistance: Saying No to the Culture of Now*, Louisville: Westminster John Knox Press, 2013.

안식일은 구속받은 대안적 사회를 형성하는데 있어서 초석이 되는 사회법이다. 안식일이 준수되지 않고, 폐기되면 안식년도 없으며, 안식년이 없으면 희년의 근거도 사라지게 된다. 그렇다면 하나님의 대안사회(God's alternative society)의 형성을 위한 총체적 사회변혁의 프로그램인 희년의 제도적, 법적 근거도 사라진다는 점을 주목해야 한다. 6일간의 노동과 하루의 쉼, 그리고 그러한 노동과 쉼, 활동과 정지의 순환구조는 6년 단위의 안식년의 순환 시스템과 연결되며, 그것은 50년 주기의 희년의 순환구조로 완결되도록 설계되어 있다. 이것이 바로 '하나님의 사회적 구상'이다. 그리고 그 사회적 구상의 첫 단계는 안식일로부터 시작한다.

이스라엘 사회는 일종의 구속된 사회이다. 그런데 그들은 개별 인간의 각자의 믿음에 따라 원자적으로 구원받은 것이 아니라 '사회적으로 구속된 사회'이다. 그리고 그 사회는 구원의 실재를 이스라엘 사회안에서 가시적으로 보여주어야 한다. 그러기 위해서는 이 땅에서의 모든 삶이 하나님의 구원하시는 은총임을 인식하면서 인간의 무한대의 지배 욕망을 통제하여 자신의 소유물로 간주된 노예와 동물이라 할지라도 적어도 한 주간의 하루는 자유와 해방을 실천해야 한다. 그리하여 그들이 애굽에서 겪었던 억압의 제도와 시스템을 구속된 사회 안에서 가시적으로 보여주어야 했다. 이것이 안식일이 목표로 하는 사회적 의미이다. 안식일은 이러한 하나님의 사회구성적 기획으로부터 도출된 것이다. 그들은 노예화된 사회로부터 결별하고 탈출하여 영구적으로 새로운 대안사회를 향한 나아가는 구원의 실재였다. 이스라엘은 출애굽이라는 제국적 질서로부터 구속된 '하나님의 새로운 사회'이다. 그들은 이방 제국의 약탈적 정치-경제적 질서와 구별된 '대조적 대안사회'이다. 하나님께서는 출애굽을 통해 새로운 창조를 구현하고 있다고 할 때, 그것의 구현은 종교 의례적 측면의 구별을 통한 거룩한 백성됨을 목표로 하면서, 동시에 이웃과의 관계방식에서 새로운 덕성을 보여주어야 하지만(도둑질, 거짓 증거 등), 희년과 같은 새로운 사회적 대안은 그것이 이룩할 사회구성의 목표점으로 보여주고 있으며, 안식일은 그 모든 사회적 대안의 밑그림이며 시발점이라 할 수 있다.

IV. 안식일의 사회적 차원은 여전히 유효하다.

'안식일을 기억하여 거룩히 지키라'(출 20:8)는 하나님의 언명에는 예배적 차원과 사회적 차원이 동시에 담겨있다. 안식일은 창조주 하나님과 구원자 하나님을 향한 예배의 날이다. 모든 피조물을 지으시고 일곱째 날을 복주시는 하나님의 창조사역을 감사하고, 애굽의 학대로부터 이스라엘 백성을 속량하신 구속의 은혜를 기억하며 감사하는 구원의 날이다. 또한 안식일은 다가 올 하나님나라에서 누릴 최종적인 안식에 대한 '종말론적 선취'이다. 종국적으로 완성될 구원을 지금 여기서 미리 맛보며, 그 구원경험을 사회적인 방식으로 나누는 것이다. 그러나 안식일은 창조와 구속에 대한 기억과 함께 하나님을 향한 예배와 종말론적 구속을 선취적으로 희망하는 신학적 차원만이 아니라 노동하는 인간에 대한 약자보호와 쉼의 공적인 보장이라는 사회적 차원이 동시에 함축되어 있다.

창세기 1장이 말하는 안식일은 '창조에 대한 하나님의 안식'으로 표현된다. 창조는 하나님의 수고로운 노동의 결과물이었으며, 하나님은 그의 신적 창조행위에 대한 수고의 결과를 기뻐하면서 스스로 안식을 취하신다. 그렇다면 6일간의 노동으로부터 물러남을 통해 쉼을 누리며 감사하는 인간의 행위는 하나님의 쉼에 대한 유비라고 할 수 있다. 노동하는 인간이 안식을 누릴 수 있는 신학적 근거는 하나님의 형상으로서 인간의 일하시는 하나님의 노동에 대한 기쁨과 감사를 인간안에서 유비적으로 재현하는 것을 말한다. '하나님이 거룩하시므로 우리도 거룩해야 한다'(레 11:45). '하늘에 계신 아버지의 온전하심과 같이 우리도 온전해야 한다'(마 5:48). '아버지가 일하시니 아들도 일하신다'(요 5:17). 마찬가지로 하나님이 쉬시고, 안식하시니 인간도 쉬며 안식을 누린다. 하나님과 인간은 원상(原像)과 모상(模像)의 관계이며, 하나님은 원창조자이며, 인간은 공동 창조자(co-creator)로 살아간다. 인간의 안식은 하나님의 안식에서 시작되며, 그것은 인간안에서 재현, 반복되고 유비적으로 닮음의 모습이 보여져야 한다.

창세기의 안식일이 창조신학적이라면, 출애굽기가 말하는 안식일 언명은 구원신학적이다.[17] 출애굽기에서 안식일 규정은 애굽에서 구출해 낸 언약 백성들의 하나님의 구속에 대한 감사로부터 시작된다(출 20:1-2). 출애굽의 안식일 규정이 하나님의 구원행동에 대한 그의 백성의 응답의 성격이 있다 하더라도 그것을 순전히 예배적 성격으로 제한하는 것은 타당한 해석이 아니다. 안식일 규정은 하나님께 예배하라는 '수직적 차원'의 배타적 규정으로 이해할 것이 아니라, 노동하는 인간에 대한 사회보장법적이며, 인권적 차원이 깃들어 있는 수평적 차원의 포용적인 규정이다. 안식일법을 계명으로 준수할 것을 요구하시는 하나님의 명령안에 사회적 약자에 대한 배려와 인권보호라는 인간학적 차원이 내포되어 있다. 출애굽이 말하는 안식일은 단지 일곱째 날을 성별하여 하나님께 예배하는 날이 아니라 노동기계로 전락할 위험이 많은 노동하는 인간과 비인간적인 노동으로 착취당하고, 인간으로서 품위와 존엄을 상실할 위기에 처한 인간과 동물들에 대한 약자 규정법이다.

안식일의 신학적 의미를 설명하면서, 죄의 안식일적 의미는 하나님께 예배하지 않는 죄, 즉 '예배 망각의 죄'만이라고 할 수 없을 것이다. 안식일의 맥락에서 죄는 노동이 허용된 시간을 넘어서 과도한 생산물을 축적하려는 불신앙이며, 더 많은 소유를 확보하려는 탐욕이며, 나의 이익을 위해 타인의 쉼의 권리를 박탈하고, 하나님의 형상으로 지은 인간의 존엄성을 짓밟는 행위이다. 이것은

---

17) 그러나 출애굽의 구원사건은 곧 바로 창조신학과 연결된다. 창조는 구원을 지향하고 있으며, 구원이 시작되는 거기에 새로운 창조가 시작된다.

출애굽을 통해 보여주신 하나님의 구속이 학대받고 억압속에 처한 가난한 사람들에 대한 구출이었다는 점에서 당연한 논리이다.

따라서 안식일은 하나님을 예배하는 신학적 차원과 인간권리를 박탈당할 위험에 노출된 노동하는 사람들을 배려하는 인간학적 차원이 중첩되어 있다는 점이 중시되어야 한다. 안식일을 하나님께 성별된 예배의 날로 사고하면서 마치 6일은 지상적이며, 세속적이며, 육적인 욕망이 허용된 시간으로 우리가 마음대로 사용하는 시간이며, 안식일은 성별하여 드려야 할 신령한 날로 세속과 분리된 날로 규정하려 한다. 마치 6일간은 인간의 날이며, 안식일은 하나님의 날이며, 6일은 세상에서 보내는 날이며, 안식일은 교회안의 날인 것처럼 '분리'한다. 여기서 성별된 안식일은 세속적인 6일보다 훨씬 월등한 의미를 부여하면서, 세속의 6일은 큰 의미없는 시간으로 방치된다. 목회자가 신자들에게 6일간은 무엇을 하든 괜찮으나 안식일, 즉 주일만은 성별하여 지켜야 한다고 설교하는 것은 크나큰 오류이다.

십계명의 안식일은 두 차원이 결합되어 있다. 십계명에서 안식일 계명은 하나님에 관한 명령(제1-3계명)과 인간에 관한 명령(제5-10계명)을 이어주는 연결고리의 계명이며, 교량계명이다. 성경이 말하는 그리스도교 신앙은 하나님사랑과 인간사랑이 분리되지 않고 혼합되지 않고 한 인격안에 온전하게 결합할 것을 요구한다. 이와 같이 안식일에는 하나님에 관한 경배와 인간을 향한 배려가 녹아내려 있다. 그것은 신학적 차원과 인간학적 차원, 종교적 차원과 사회적 차원, 하나님을 향한 예배와 인간안에서의 일상의 삶, 멈추라는 명령과 활동하라는 명령이 동전의 양면처럼 한 계명안에 교합하여 녹아 있다.

이제 주일은 구속받은 신자들에게 주어진 특별은총의 날이라는 협소한 시간에서 벗어나야 한다. 안식일의 관점에서 주일을 생각할 때, 신자들의 주일은 일반인들에게 일요일이기도 하다. 그러므로 주일은 불신자, 무종교인, 타종교인들, 이교도로 살아가는 모든 사람에게 쉼과 자유와 해방을 주시는 하나님의 일반은 총의 선물이다. 이러한 주일이해는 교회적 주일과 일상의 일요일, 종교적 의례로서 주일과 인간적 쉼의 제도사이에 존재하는 공동선의 근거로서 주일의 의미를 더 풍성하게 확보할 수 있을 것이다.

신약의 초대교회와 그리스도인들은 '안식 후 첫 날' 부활의 주님을 뵈옵고, 죄와 사망의 권세를 이기신 부활절의 주님을 경축하는 의미에서 안식일에서 주일을 지킨다고 이해하고 있다. 성경계시의 발전사의 측면에서 볼 때, 그리스도를 통한 구원계시는 모형에서 실물로, 약속과 성취로 진행되어 온 것은 틀림없다. 그러나 유의할 것은, '그리스도는 율법을 폐하러 오신 분이 아니라 완성하러 오셨다'는 말을 '그리스도가 안식일을 폐하고 주일로 완성하셨다'는 논리로 잘못 적용하여, '안식일의 완성은 곧 주일'인 것처럼, 성급한 결론을 내려서는 안될 것이다. 안식일의 폐지란 의식법으로서 안식일을 말하는 것이지, 안식의 시간을 거룩히 지켜야 한다는 명령과 그에 따른 사회적 요구로서 안식일 규정마저 폐지된 것은 결코 아니다. 무엇보다 우리는 유대교의 안식일에서 초기 기독교의 주일로의 전환하는 과정에서 구약성경이 보여준 안식일의 사회적 지침은 어디로 사라졌는가 질문해야 할 것이다. 그리스도교 신학의 궤적에서 유실되어버린 대지에의 충실, 곧 신앙의 지상성, 현세적인 것과 자연적인 것에 대한 긍정에 관한 통찰을 구약성경에서 발견할 수 있다는 디트리히 본회퍼의 의미심장한 언급을 생각할 때, 히브리적 사유의 유대교로부터 헬레니즘 세계안에 안착된 그리스도교 사유가 구약의 사회적이며, 현실적이며, 인간학적인 표상들이 왜 사라졌으며, 결국에는 존재론적이며, 관념적이며, 형이상학적 개념들로 전이(轉移)되었는지 진지한 질문을 던져야 할 것이다. 사회적 안식일 개념이 그리스도교 신앙의 시야에서 사라진 배경에는 위와 같은 성경읽기에 대한 통찰에서 누락된 것들이 있다는 것을 인식할 필요가 있다.

마무리하면서

오늘의 한국교회의 주일관에서 극복해야 할 사고는 무엇일까? 먼저 '율법주의적으로 이해하는 안식일적 주일' 관념이다. 여전히 개교회에서 주일은 율법적인 강제 규정으로 작용하고 있다. 그리고 주일과 일상을 결합시켜 일상으로부터 분리되지 않는 주일관이 필요하다. 물론 여기서 '예배하는 주일'과 '일상의 삶'은 그 어느 것도 소홀히 하지 말아야 할 균등한 신앙덕목으로 자리 잡아야 한다. 그러나 예배가 삶으로 연결되어야 하지만, 그렇다고 삶이 예배로 환원되거나 대체되지 않아야 한다. 우리의 예배는 일상의 삶에서도 드려지는 것이지만, 그렇다고 그것이 교회의 주일예배를 대신할 수 없다. 물론 교회적 예배가 우리 예배의 전부는 아니다. 예배와 삶은 분리(separation)되지 않고 일치(unity)를 이루되, 서로 구분(distinction)되면서도, 또한 서로 불가분리적으로 결합(combination)되어야 한다.

지금까지의 안식일과 주일 논쟁에서 '주일이냐 안식일이냐'라는 선택적인 문제에 초점이 맞춰져 있었다면, 이제 우리의 고민은 어떻게 주일안에 안식일의 사회적 의미를 구현할 것인가를 더 깊이 논의해야 한다고 본다. 이제 주일은 단지 그리스도인 개인의 사적인 신앙 표식이나 종교의례의 하나로서 교회적 예배의 날만이 아니다. 주일은 인간(실제로는 동물과 자연까지 포함하는)에게 일로부터 격리되어 여유로운 쉼과 인간다운 존엄성을 보장하기 위해 창조와 구원의 하나님께서 우리에게 주신 복음적 은혜의 선물이자 준수해야 할 의무 명령이며, 사회적 권리장전이다. 하나님의 선물이자 명령으로서 안식일은 무엇보다 사회 공공의 차원이 담겨있는 하나님의 사회적 법이다. 한국교회가 안식일의 사회적 의미를 재발견하려면 주일에 대한 의미발견으로는 한계가 분명하므로 구약의 안식일 신학의 사회적 의미를 재발견하여, 그것을 주일신앙과 결합하도록 고민해야 할 것이다.

참고문헌

Althaus, Paul. *Die Theologie Martin Luthers*, Gerd Mohn: Gütersloher Verlagshaus, 1975.

Brueggemann, Walter. *Sabbath as Resistance: Saying No to the Culture of Now*, Louisville: Westminster John Knox Press, 2013.

Carson, D. A.(ed.). *From Sabbath to Lord's Day: A Biblical, Historical and Theological Investigation, Eugene*, Or.: Wipf & Stock Pub, 1999.

Lohse, Bernhard. *Luthers Theologie in ihrer historischen Entwicklung und in ihrem systematischen Zusammenhang*. 정병석 역. 『마틴 루터의 신학』, 서울: 한국신학연구소, 2002.

McKim, Donald K.(ed.). *The Westminster Handbook to Reformed Theology*, Louisville: Westminster John Knox Press, 2001.

Moltmann, Jürgen. *Gott in der Schöpfung*. 김균진 역,『창조안에 계신 하나님』, 서울: 한국신학연구소, 2004.

5장
안식의 정신을
어떻게 살아낼 것인가?

김형원

안식의 정신을
어떻게 살아낼 것인가?

김형원

I. 안식일과 주일의 관계

1. 안식일과 주일에 관련된 문제 인식

과거 한국교회에서 많이 들을 수 있었던 것이 '주일성수'라는 표현이었다. 교회는 모든 그리스도인들이 주일을 거룩하게 지켜야 한다고 가르쳤고, 그것이 참된 그리스도인을 구별하는 하나의 중요한 잣대가 됐었다. 비록 교파마다 정도의 차이는 있었지만, 보수적인 교회일수록 주일에 일을 하거나 가게 문을 열지 않는 것, 공부를 하지 않는 것, 매매 행위를 하지 않는 것, 오락을 금하는 것 등과 같은 규정들을 철저하게 지키도록 요구했었다.

십계명의 네 번째 계명에서 분명하게 명시되어 있었기 때문에 이런 규정들에 대해 의문을 제기하는 사람은 별로 없었다. 다만 교회에서 가르치는 대로 철저히 지키지 못할 상황일 때 몰래 숨어서 규정을 어기는 사람들이 있었고, 그로 인해 죄의식을 갖게 되는 경우가 있기는 했었다. 세월이 흘러 요즘 교인들 사이에서 엄격한 '주일 성수'는 점차 퇴색되어가는 표현이 된 것 같다. 그러나 교회

강단에서나 신학교 교실에서는 여전히 그 가치를 강하게 주장하고 있다.

    신학이 시대 상황에 적응해야 하는 측면은 분명히 있지만, 상황에 의해 신학과 가르침이 끌려 다니는 것은 결코 바람직한 현상이 아니기 때문에 우리는 주일의 의미에 대해서 성경의 가르침을 바르게 이해할 필요가 있다. 그래서 우리는 다음과 같은 질문들을 다시금 던져야 한다. 주일은 안식일인가? 구약의 안식일 규정이 주일로 연결되었는가? 그래서 우리는 지금도 주일을 안식일처럼 지켜야 하는가? 반대 방향으로도 질문이 가능하다. 구약의 안식일 규정은 과거의 유산인가? 그것의 의미와 정신은 다 사라진 것인가?

2. 교회사의 전통

(1) 주일과 안식일의 관계를 탐구하기 전에 교회사의 흐름을 간략하게 살피는 것은 우리가 지금 어느 지점에 있는지 아는데 도움이 될 것이다.

    초대교회와 교부 시대에는 주일을 예배의 날로 강조했지만, 그 날을 안식일로 보지는 않았다. 왜냐하면 그 날은 휴일이 아니었기 때문이다. AD 321년 콘스탄티누스에 의해 주일이 휴일로 지정되었지만, 6세기에 이르기까지 안식일 규정을 주일에 그대로 적용하여 일을 금하는 것과 같은 일은 일어나지 않았다.

    AD 538년 오를레앙 종교회의에서 비로소 주일에 농사일 하는 것을 금지하는 규정이 제정되었다. 그 후 주일성수 개념이 확고하게 자리 잡은 것은 13세기 토마스 아퀴나스에 의해서였다. 그는 주일을 기독교의 안식일이라 선포하고, 이 날은 거룩한 날이므로 모든 일을 금해야 한다고 주장했다.

    그러나 대부분의 종교개혁가들은 주의 날과 안식일이 같지 않다고 생각했다. 특히 칼빈은 로마 카톨릭의 주일 성수 교리를 유대교적 교리라고 신랄하게 비판하면서 기독교의 주일은 안식일의 기독교판이 아니라 교회 질서와 영적 건강을 위해서 채택된 제도라고 생각했다.

그러나 영국의 청교도들은 주일을 안식일의 연속으로 보기 시작했고 이것이 미국 청교도에게까지 영향을 미쳤다. 이들은 사 58:13-14을 액면 그대로 적용하려고 시도하였다. 17세기 스코틀랜드에서는 주일에 "웃었다"는 이유로 감옥에 갇히기도 하였다. 이 흐름은 그대로 웨스트민스터 신앙고백에 이어져서 안식일을 주일과 거의 동일시하면서 그 날에는 구약에서처럼 일도 금하고, 오락도 금하고, 오직 찬양과 예배만 하도록 규정하였다.[1] 이 전통 속에 있었던 미국 선교사들의 영향을 받은 한국교회도 초기부터 이와 동일한 입장을 취하게 되었다.

(2) 현재 주일과 안식일의 관계에 관해서 크게 세 가지 입장이 존재한다.

첫째는 안식교 전통으로, 이들은 지금도 구약시대처럼 제7일인 토요일을 휴식과 예배의 날로 지켜야 한다고 주장한다.

둘째는 주일성수주의 전통이다. 이들은 그리스도의 부활 이후 안식일이 토요일에서 일요일로 바뀌었을 뿐 이 날을 구약의 안식일처럼 지키는 것은 동일하다고 생각한다. 그들은 주일을 '기독교의 안식일'로 여기는 것이다.

세 번째는 안식일 폐기론으로, 이들은 안식일 규정은 구약 이스라엘 백성들에게만 적용되는 의식법에 해당되기 때문에 신약시대에 그대로 지켜야 할 필요가 없으며 주일 개념에도 옮겨가지도 않았다고 생각한다.

3. 현재 한국교회의 상황

(1) 주일성수 강조

앞에서도 언급했듯이, 한국교회는 초기부터 지금까지 주일성수의 입장을

---

1) 웨스트민스터 신앙고백, 21장 7, 8항

강하게 견지해왔다. 이는 청교도의 후손들인 미국 보수주의 교회의 영향을 받은 탓도 있고, 웨스트민스터 신앙고백과 대,소요리 문답을 교인들의 신앙과 행위의 핵심 지침으로 삼은 탓도 있다. 그 결과 양용의 교수가 언급한대로, "한국 장로교회는 아이러니하게도 자신들의 신앙과 삶의 절대적 표준이 되는 성경(특히 신약성경)이나, 그들이 전 교회사를 통해 가장 신뢰할 만한 신학자로 인정하는 칼빈의 안식일 이해보다는, 그들의 비판의 대상이어야 할 것으로 기대되는 스콜라 철학적(곧, 로마 카톨릭적) 안식일 엄수주의에 더 가까운 안식일/주일 신학을 견지하게 되었다."[2] 이런 입장은 한국의 대부분의 교회와 목사들, 심지어 신학자들까지 견지하고 있는 태도이다.

(2) 그러나 21세기에 들어선 지금, 다른 편에서는 신학적인 이유가 아니라 실용적인 이유로 인해 주일성수가 폐기되고 있는 것처럼 보인다.

생존경쟁이 극심해지면서 주말까지 일을 해야 하는 상황, 입시경쟁이 더 치열해지면서 주말에도 학원을 전전해야 하는 아이들 상황, 그리고 경제력의 향상으로 주말에 더 많은 여가활동을 즐기려는 경향이 심화되면서 주일 성수의 가치가 뒷전으로 밀려나게 되었다.

이것은 별로 바람직한 현상은 아니다. 왜냐하면 이런 현상은 우리의 윤리와 행동의 규범이 성경이나 신학이 아니라 실용주의라는 것을 의미하는 것이며, 이렇게 해서 교회의 권위가 무너지면 다른 가르침도 경시하게 될 위험이 커지기 때문이다. 한국교회가 그렇게 강조하던 주일성수가 신학적인 이유가 아니라 실용적인 이유 때문에 가볍게 무너지면 다른 가르침이 어떻게 권위 있게 받아들여질 수 있겠는가?

그러므로 지금 한국교회는 주일과 안식일의 관계에 대한 분명한 입장을 정

---

2) 양용의, 『예수님과 안식일 그리고 주일』, 이레서원, 387.

리해야 할 때다. 주일성수가 성경적인 개념인 것이 맞다면 그 권위를 다시 회복하여 순종을 강조해야 할 것이고, 만약 그렇지 않다면 바른 가르침을 통해 교인들의 삶을 성경의 가르침대로 인도해야 하기 때문이다.

II. 안식일과 주일의 관계에 대한 정리된 원칙
– 안식일을 지금도 지켜야 하는가?

먼저 우리는 지금 우리가 주일이라고 부르는 날이 구약의 안식일과 개념적으로 동일한 날인가 하는 문제로부터 시작해야 한다. 지금까지 한국 교회가 가르쳐 온 '주일성수'는 이런 동일시에 근거한 것이었고, 그래서 지금도 주일을 구약시대의 안식일처럼 지켜야 한다고 생각해왔다. 이런 생각이 옳은 것인가?

결론적으로 말한다면, 구약 율법의 안식일 규정은 우리에게 해당되지 않으며 그것을 주일에 적용하는 것도 성경적인 근거가 없는 것이다. 구약의 안식일 율법은 그리스도의 오심으로 그 효력이 끝났기 때문에 우리는 안식일을 지켜야 할 필요가 없다. 이렇게 생각하는 이유가 무엇인가?

1. 첫째, 구약의 안식일 규정은 언약 백성들에게만 적용되는 것이었다.

안식일과 관련된 언급은 창 2:2-3에 처음 나타난다. "하나님은 하시던 일을 엿샛날까지 다 마치시고, 이렛날에는 하시던 모든 일에서 손을 떼고 쉬셨다. 이렛날에 하나님이 창조하시던 모든 일에서 손을 떼고 쉬셨으므로, 하나님은 그 날을 복되게 하시고 거룩하게 하셨다."

이 구절은 안식의 주체로서 사람이 아니라 하나님을 언급하고 있다. 그렇기 때문에 여기에서는 안식일이 규정으로 나타나지 않는다. 즉, 모든 사람이 지켜야 할 규례로서 안식일이 제정되지 않았다. 하나님은 여기서 사람이 안식일을 지켜야 한다고 명령하지 않았다. 단지 하나님께서 그 날에 쉬셨다는 것만을 언급할 뿐이다.

사람들과 관련된 안식일에 관한 언급은 출 16:23에 처음으로 나오지만 이 경우도 일반적인 안식일 규례는 아니다. "모세가 그들에게 말하였다. '주님께서 하신 말씀입니다. 내일은 쉬는 날로서, 주님의 거룩한 안식일이니, 당신들이 구울 것은 굽고, 삶을 것은 삶으십시오. 그리고 그 나머지는 모두 당신들이 다음날 먹을 수 있도록 아침까지 간수하십시오.'"

안식일 규례가 분명하게 언급된 것은 십계명에서다(출 20:8-11). 그 후 다양한 율법에서 안식일 규정이 나타난다(출 31:13-17, 출 35:2-3, 레 23:3, 신 5:12-15). 우리는 이 규정의 성격을 잘 이해할 필요가 있다. 안식일 규정은 하나님께서 애굽의 노예로부터 구원해내신 **이스라엘 백성들과 언약을 맺을 때 주신 규례**이다. 안식일 준수는 영원한 언약의 표징이다(출 31:17). 이런 정황 속에서 비로소 안식일 규정이 세워진 것이다. 느 9:13-14과 겔 20:10-12에서도 시내산에서 비로소 안식일 규정이 '언약의 증표'로 주어졌다고 말한다.

그러므로 안식일 규정을 지구상에 존재하는 모든 사람들에게 적용하는 것은 잘못된 것이다. 안식일 규정은 구약 시대에 하나님께서 이스라엘과 언약을 맺을 때 하나님의 백성의 표시로서 주어진 규례인 것이다. **이런 점에서 할례나 제사 규정과 유사한 위치를 차지한다고 볼 수 있다.** 그렇다면 구약의 언약과 상관이 없는 사람들에게는 안식일 규정이 의미가 없는 것이다. **이것은 언약 밖의 사람들뿐만 아니라 그리스도와 새언약을 맺은 그리스도인들까지도 포함하는 것이다.**

2. 둘째, 구약의 안식일 규정은 예수 그리스도에게서 재해석되었다.

예수님은 유대인들이 엄격하게 지키는 안식일 규정을 전복하셨다. 그는 안식일에 밀 이삭을 잘라 먹은 제자들을 변호하셨다(마 12:1-2). 또한 안식일에 한쪽 손 마른 사람을 고쳐주셨다(마 12:10-14). 안식일에 하지 못할 행위를 한 것에 대해 바리새인들이 비난하자, 예수님은 안식일에 대해 근본적인 재해석을 하시면서 대응하셨다. 예수님은 안식일의 본래적 의도를 회복하려고 오셨고, 그 궁극적 의미가 자신에 의해 성취된다고 주장한다(마 12:8, "인자는 안식일의 주인이다."). 또한 참된 안식은 오직 예수님만 줄 수 있다고 주장하셨다(마 11:28, "수고하며 무거운 짐을 진 사람은 모두 내게로 오너라. 내가 너희를 쉬게 하겠다."). 더 나아가서, 유대인들의 안식일관과는 달리, 예수님은 안식일이 하나님께서 사람들에게 주신 "선물"이라고 바르게 교정하셨다(막 2:27, "안식일이 사람을 위하여 생긴 것이지, 사람이 안식일을 위하여 생긴 것이 아니다.").

이것은 구약의 외적인 안식일 규례가 내적이고 영적인 의미로 승화되었다는 것을 의미한다. 그래서 안식일 규정을 문자대로 지키는 것을 넘어서 예수 그리스도의 구원의 은혜 안에서 쉼을 누리는 것이 참된 안식이요 안식일 규정이 예표하는 것이다. 이것을 예수님은 자신이 안식일을 폐하러 온 것이 아니라 완성하러 오셨다는 것으로 표현하셨다. 예수님의 구속으로 말미암아 안식일의 정신인 참된 안식과 쉼이 성취되었다는 연속성도 있지만, 이제 참된 안식을 누리게 된 사람들은 안식일을 구약 시대 사람들처럼 지킬 필요가 없다는 불연속성도 가지고 있다. 이것을 예증하기 위해 예수님은 구약 시대 제사장들은 안식일 규정을 초월해 있었다는 것을 상기시키셨다(마 12:5-6, "또 안식일에 성전에서 제사장들이 안식일을 범해도 그것이 죄가 되지 않는다는 것을, 율법책에서 읽어보지 못하였느냐? 내가 너희에게 말한다. 성전보다 더 큰 이가 여기에 있다."). 예수님의 요지는 이것이다. "만일 제사장들이 성전 안에 있는 한 안식일 율법을 준수해야 할 의무가 없었다면, 제자들은 성전보다 큰 예수님과 함께 있기 때문에 안식일을 지켜야 할 의무가 훨씬 덜하다는 것이다."[3] 이렇게 예수님은 유대인의 안식일 규정을 전복하시고, 안식일의 본래 정신을 다시 살리신 것이다. 그러므로 그리스도 안에서 안식을 누리게 된 자들은 유대인들의 안식일 규정을 그대로 지킬 필요가 없는 것이다.

3. 셋째, 안식일 규정은 그리스도의 사역에서 완성되었다.

구약의 안식일 규정은 십계명의 다른 계명들과 마찬가지로 신약에서 그대로 반복되지 않는다. 십계명이 하나님과 그의 언약 백성 사이의 언약조건인 것처럼 안식일 규정도 그렇다. 그러므로 신약 시대에 하나님과 새 언약을 맺은 백성들은 이 구 언약의 규정들을 그대로 지킬 필요가 없다. 새 언약에서는 새로운 삶의 기준들이 만들어지는 것이다. 십계명의 대부분은 신약에서도 여러 다른 형태로 변주되어 반복되지만 안식일 규정은 그 어디에서도 반복되지 않고, 강조되지도 않고, 심지어 언급되지도 않는다. 그러므로 안식일 규정은 새 언약에서 폐지되었다고 보는 것이 옳다.

이것은 새 언약에서 할례, 제사, 음식 규례, 절기법 등이 그리스도의 사역으로 흡수되어 완성된 것과 맥을 같이 한다(골 2:14-17, 딤전 4:3-5, 고전 7:18). 안식일법과 더불어 이 모든 것을 '의식법'이라고 부르며 그것은 그리스도 사역의 그림자와 같은 것으로 그리스도의 구속 사역 안에서 성취되었다. 그러므로 새 언약 백성이 그것을 다시 살려내서 지킬 필요가 없다. 만약 안식일법을 부활시킨다면 다른 의식법들도 동일하게 부활시켜야 공정할 것이다.

"이런 것은 장차 올 것들의 그림자일 뿐이요, 그 실체는 그리스도에게 있습니다."(골 2:17) 의식법은 그리스도에게서 성취될 그림자에 불과하다. 그것은 실체

---

3) 양용의, 같은 책, 373.

가 나타나면 사라지는 것들이다. 히브리서가 강조하듯이 그리스도가 단번에 제사를 드려 모든 구약의 제사 제도를 완성하여 더 이상 제사가 필요 없게 된 것처럼, 그리스도가 우리에게 궁극적인 안식을 주셨기 때문에 더 이상 그 그림자인 하루의 안식일을 지켜야 할 필요가 없어진 것이다. 이제는 모든 날이 그리스도의 구원을 누리는 안식일이 되었다. 그리스도가 바로 참된 제물이요, 성전이요, 안식이기 때문에 다른 제물이나 성전이나 안식일이 필요 없게 된 것이다.

4. 넷째, 신약의 권위 있는 사람들 중 누구도 안식일법을 지키라고 명한 적이 없다.

예수님도 안식일을 지키라고 명하지 않으셨다. 오히려 예수님은 안식일을 지키지 않았기 때문에 유대인들의 미움을 받았고, 결국 십자가에서 돌아가시게 된 것이다(요 5:18).

제자들도 안식일을 지켜야 한다고 가르친 적이 없다. 이방인이 그리스도인이 되었을 때 무엇을 지켜야 하는지 알려줄 때에도 안식일 규정은 언급조차 되지 않았다(행 15:23-29). 그 당시에는 안식일 규정이 의미가 없다는 것이 이미 널리 알려져 있어서 할례만큼도 주목을 받지 못했다. 그들은 죄의 목록에 안식일을 어기는 것을 포함시킨 적도 없다. 그러므로 우리가 지금 할례 규정을 지키지 않는 것처럼 안식일 규정은 우리와 아무 상관이 없는 것이다.

신약 시대에 기독교인들은 어느 특정한 날에 모든 노동을 중지하고 예배를 위해 모이라는 명령을 받지 않았다. 설령 일요일에 모여서 예배를 드렸다고 할지라도 그것은 순전히 자연스럽게 형성된 모임이었을 뿐 하나님의 명령에 의한 것이 아니었다는 것이 분명하다.

5. 다섯째, 바울은 그리스도의 구속 사역으로 인해 거룩의 일상화가 이루어졌기 때문에 모든 날들이 동일하게 중요한 날이 되었다고 말한다.

"또 어떤 사람은 이 날이 저 날보다 더 중요하다고 생각하고, 또 어떤 사람은 모든 날이 다 같다고 생각합니다. 각각 자기 마음에 확신을 가져야 합니다. 어떤 날을 더 존중히 여기는 사람도 주님을 위하여 그렇게 하는 것이요,"(롬 14:5-6)

음식규례가 더 이상 우리를 율법적으로 속박하지 않는 것처럼 날에 관한 규정들(안식일, 절기)도 우리를 구속하지 못한다. 그러므로 고기를 먹든 채소를 먹든 상관하지 않는 것처럼, 안식일을 지키는 것도 엄격한 규정처럼 여기거나 다른 사람들에게 강요하지 말아야 한다.

"그러므로 먹고 마시는 일이나 명절이나 초승달 축제나 안식일 문제로, 아무도 여러분을 심판하지 못하게 하십시오. 이런 것은 장차 올 것들의 그림자일 뿐이요, 그 실체는 그리스도에게 있습니다."(골 2:16-17)

"지금은, 여러분이 하나님을 알 뿐만 아니라, 하나님께서 여러분을 알아주셨습니다. 그런데 어찌하여 그 무력하고 천하고 유치한 교훈으로 되돌아가서, 또다시 그것들에게 종노릇 하려고 합니까? 여러분이 날과 달과 계절과 해를 지키고 있으니, 내가 여러분을 위하여 수고한 것이 헛될까 염려됩니다."(갈 4:9-11)

어느 한 날을 다른 날보다 거룩하다거나 중요하다고 주장하는 것은 오히려 그리스도의 사역을 무력화시키는 것이고, 실체를 무시하고 여전히 그림자를 붙드는 일이다. 그러므로 주일은 특별한 날이 아니라 다른 날과 동일한 날이다. 이것은 매우 특별하고 구별된 날이었던 구약의 안식일과 전혀 다른 점이다. 그러므로 안식일과 주일은 연속성이 없으며, 그리스도인들은 안식일을 특별한 날로 규정하여 제정된 안식일 율법을 지킬 필요가 없는 것이다.

6. 여섯째, 신약시대의 성도들은 한 주의 첫날(일요일)에 정기적으로 모여서 예배를 드린 것이 분명하지만(행 20:7, 고전 16:2, 계 1:10), **그들은 이 날을 안식일이라고 부르지도 않았고, 그 날을 구약의 안식일처럼 하루를 쉬면서 모든 노동으로부터 벗어나는 날로 규정한 적도, 그렇게 규정하려고 시도한 적도 없었다.**

초대 교회는 십계명의 네 번째 계명에 대해서 거의 언급을 하지 않았다. 순교자 저스틴, 터툴리안, 알렉산드리아의 클레멘트, 그리고 오리겐과 같은 교부들도 주일을 예배의 날로 강조할 뿐 신약의 안식일이라거나 쉬는 날로 보지 않았다.

당시에는 일요일이 휴일이 아니었기 때문에 이들은 새벽이나 밤에 모일 수밖에 없었고, 따라서 구약의 안식일 규정을 지킬 수도 없었다. 이들이 만약 "주의 날"을 안식일과 같은 날로 여겼고, 그래서 그 날을 거룩하고 구별되게 지켜야 한다고 생각했다면 어떤 희생을 감수하고라도 그렇게 하려고 했을 것이다. 그러나 교회는 이런 노력을 전혀 기울이지 않았다.

AD 321년 콘스탄틴 대제가 공휴일로 지정하기 전까지 일요일은 휴일이 아니었으며, 비교적 사회적 지위가 낮았던 그리스도인들이 그 날을 휴일로 지킬 수도 없었고, 지키지도 않았다는 것이 확실하다. 6세기에 이르기까지 안식일에 행하던 종교적인 기능의 일부가 주일로 옮겨졌을 뿐, 일요일에 일하는 것을 교회법 규정으로 금하려는 시도는 거의 없었다. 안식일 규정을 주의 날에 그대로 적용하는 일은 일어나지 않았던 것이다. 그러므로 주일성수 개념은 신약시대나 초대교회와는 상관없는 완전히 후대에 생겨난 현상이다.

7. 일곱째, 실제적으로 현재 안식일법을 구약 규정 그대로 지키는 것이 거의 불가능하다.

안식일법은 그 날에 어떤 일도 금하며, 심지어 불을 피우는 것조차 금지한다. 그리고 그것을 어길 때 받을 형벌은 사형이라고 규정한다.

"엿새 동안은 일을 해야 합니다. 그러나 이렛날은 당신들에게 거룩한 날, 곧 주님께 바친 완전히 쉬는 안식일이므로, 그 날에 일을 하는 사람은 누구든지 사형에 처해야 합니다. 안식일에는 당신들이 사는 어디에서도 불을 피워서는 안 됩니다."(출 35:2-3)

이것이 신약에서 다른 규정으로 대체되지 않았기 때문에 이 규정을 그대로 따르기로 한다면 형벌까지도 준수해야 한다. 그럼 누가 사형을 집행해야 하는가? 지금 이 규정을 그대로 적용할 수 있을까? 실제로 그 어떤 주일성수주의자라 할지라도 이런 규정들을 더 이상 문자적으로 지키지 않는다. 그렇다면 그들은 구약 성경을 임의적으로 취사선택하여 주일 준수 규정에 적용하고 있는 것이며, 그것은 일관성 있는 신학적 태도가 아니다.

결론

그러므로 오늘날의 주일을 구약의 안식일처럼 지켜야 할 필요는 없다. 그리스도의 사역 안에서 안식일이 완성되었고, 이제는 모든 날들이 동등하게 거룩하게 되었기 때문에 주일만을 거룩하게 지켜야 한다는 '주일성수주의'는 성경적 근거가 없는 입장이다. 주일은 특별한 날이 아니다. 다만 주님의 부활의 날로서 기념의 의미만 가지고 있다. 양용의 교수의 다음과 같은 언급이 이 주제에 대한 결론으로서 적절할 것이다.

"한국 교회는 그리스도인들이 더 이상 안식일 율법에 문자적으로 얽매어 있지 않다는 사실과, 또한 구약 시대 사람들이 지켰던 것과 동일한 방법으로 구약성경의 안식일을 지킬 의무가 없다는 사실을 되새길 필요가 있다. … 왜냐하면 그리스도인들은 안식일의 주이신 예수님의 백성이고, 따라서 그들은 안식일의 성취인 종말론적 안식에 이미 참여하고 있기 때문이다."[4]

III. 안식 정신의 계승

우리가 다음으로 물어야 할 질문은, '그럼 구약의 안식일 규정은 신약시대를 사는 우리와 아무 상관이 없는 것인가?' 하는 것이다.

안식일 규정과 같은 의식법의 규정들이 신약시대에 폐지되어 그 의미를 완전히 상실한 것이라면 우리가 지금 안식일을 규정한 십계명을 비롯한 모세 율법을 공부해야 할 이유가 없게 된다. 그렇게 되면 구약성경의 일부분이 나와 상관없는 것이 되어버린다. 그러나 신약뿐만 아니라 구약도 하나님께서 우리에게 주신 성경으로서 우리에게 필요하고 의미가 있다. 이것은 우리가 이스라엘의 후손이 아니지만 그들의 삶이 지금도 우리에게 교훈을 주는 것과 같고, 제사제도가 사라졌지만 그 의미와 정신이 그리스도의 사역과 연결되어 지금도 우리에게 큰 교훈을 주는 것과 같다. 안식일 율법도 우리가 그 규정을 액면 그대로 지켜야 하는 것은 아니지만 그 규정이 제정된 이유, 그것의 배경이 되는 정신, 그 규정이 담

---

4) 양용의, 같은 책, 395.

고 있는 의미들, 그리고 그것이 지향하는 가치들은 여전히 우리에게 이어진다.

안식일 규정은 하나님과 이스라엘 사이의 언약관계에서 제정되었고, 새 언약에서 그리스도에게서 완성되었지만, 안식의 정신과 의미는 하나님의 창조와 더불어 시작되어 새 하늘과 새 땅에서 완성되는 것이기 때문에 여전히 유효하고 우리들에게도 의미를 준다.

1. "안식"의 확장된 영적 의미

비록 구약의 안식일 규정이 신약 시대에 폐지되었지만, 그리스도의 구속에서 완성된 '안식의 정신'은 여전히 살아 있다. 왜냐하면 그것은 하나님의 창조와 구속과 종말에 누리는 영적 안식과 그것을 즐거워하는 것을 상징하고 예표하는 것이기 때문이다.

(1) 창세기 2장에 나오는 창조 후의 안식은 창조를 즐기는 안식이다.
하나님 본인이 그러셨던 것처럼 모든 피조물들도 하나님의 창조물 속에서 안식하면서 즐거움을 누리게 하는 것이 하나님의 창조의 목적이다. 비록 이러한 하나님의 의도가 죄의 출현으로 방해받게 되었지만, 그렇다고 해서 완전히 좌절된 것은 아니다. 비록 완전한 안식을 누리는 데는 실패하지만 부분적이고 일시적인 안식을 경험하는 것은 여전히 가능하다.

(2) 그리스도의 사역으로 인한 구원도 하나님의 안식으로 다시 들어가게 하는 것이다.
죄로 인해 안식을 상실했지만 하나님은 자신의 안식을 다시 회복하려고 구속사역을 시작하셨다. 그리스도를 통해서 우리는 다시금 하나님의 안식으로 들어가게 된다. 안식일의 주인이 예수님이라는 것이 바로 이런 의미다 (마 12:8). 예수님은 안식을 주고자 오셨고, 실제로 안식일에 병자를 고치시면서 안식을 주셨고, 참된 안식을 주겠다고 약속하셨다(마 11:28, "수고하며 무거운 짐을 진 사람은 모두 내게로 오너라. 내가 너희를 쉬게 하겠다."). 이러한 안식을 맛본 자들은 하나님을 경축하고, 우리의 새롭게 된 모습을 즐거워하고, 함께 축제를 즐기게 된다.

(3) 비록 그리스도로 인해 안식을 맛보게 되었지만, 아직은 완전한 것은 아니다.

종말에 가서야 비로소 완전한 안식을 누리게 될 것이다. 그래서 히브리서 저자는 "하나님의 백성에게는 안식하는 일이 아직 남아있다"고 말한 것이다(히 4:9).

그러므로 안식일은 하나님의 창조와 구속과 종말에 누리는 영적 안식과 그것을 즐거워하는 것을 상징하고 예표하는 것이다. 안식일보다 더 큰 것이 안식이다. 안식은 창조와 구속의 목적이요, 새 하늘과 새 땅에서 영원히 완전하게 누릴 상태이기 때문이다.

참된 안식을 상징하고 그것을 가시적으로 예표하는 구약의 안식일은 그리스도의 구속 사역이 완성된 이후 모든 날로 확장된다. 우리가 그리스도를 모시게 되면 모든 날이 안식을 누리는 날이 되고, 따라서 모든 날이 구약의 안식일과 같은 의미를 띠게 된다. 이것은 거꾸로 우리에게 모든 날을 안식일로 만들도록 요청한다. 모든 날이 하나님의 창조와 구속과 종말의 은혜를 증거하고 체험하고 누리는 날이 되어야 하는 것이다. 이렇게 안식은 구약의 안식일을 넘어서 종말의 완성을 지향하는 우리 삶의 척추와 같은 것이 된다.

2. 안식일에 담긴 정신

구약의 안식일이 궁극적으로 담고자 했던 정신이 무엇인가? 하나님은 사람들이 무엇을 누리고, 무엇을 기념하고, 무엇을 기대하기를 원하셨기에 안식일이라는 규정을 마련하셨을까? 비록 안식일 규정이 신약시대에 폐지되었지만, 그 속에 담긴 정신은 다른 율법 규정들과 마찬가지로 종말에 이르기까지 면면히 이어지고 있으며, 그 정신을 구현하는 것이 참된 안식에 참여하는 것이 되기 때문에 우리에게 이 질문은 매우 중요하다.

(1) 일 중단과 쉼

십계명의 네 번째 계명은 안식일 규정을 이렇게 설명한다. "그러나 이렛날은 주 너희 하나님의 안식일이니, 너희는 어떤 일도 해서는 안 된다. 너희나, 너희의 아들이나 딸이나, 너희의 남종이나 여종만이 아니라, 너희 집짐승이나, 너희의 집에 머무르는 나그네라도, 일을 해서는 안 된다. 내가 엿새 동안 하늘과 땅과 바다와 그 안에 있는 모든 것을 만들고 이렛날에는 쉬었기 때문이다."(출 20:8-11)

핵심은 '어떤 일도 해서는 안 된다'는 것이다. 이것은 몇 가지 의미를 담고 있다.

첫째, 안식일은 인간을 내리 누르고 있는 일에서 놓임을 받는 날이다. 참된 안식의 첫 번째 요소는 죄로 인해 부과된 일로부터 벗어나 자유의 상태로 들어가는 것이다. 비록 이렇게 하는 것이 현 세상에서는 불가능하지만, 최소한 일주일에 하루라도 상징적으로 그런 상태를 꿈꾸고 보여주는 것이 안식일이다.

둘째, 일주일에 하루를 쉰다는 것은 곧바로 생계에 타격을 줄 수 있다. 그렇기 때문에 하루를 쉰다는 것은 내가 일을 하지만 궁극적으로 내가 먹을 것을 책임지는 존재가 아니라는 것을 고백하는 의미가 있다. 나의 삶은 하나님께 달려 있다. 그러므로 일을 그치는 것은 하나님에 대한 신뢰를 표현하는 것이며, 우리가 하나님께 의존된 존재라는 것을 고백하는 것이다.

셋째, 하루를 완전히 쉰다는 것은 삶에는 일보다 더 많은 것이 있다는 것을 고백하는 것이다. 일이 우리의 삶에 필수적인 것일지라도 그것이 전부일 수는 없다. 하루를 멈추는 것은 바로 이것을 선언하는 의미가 있다.

넷째, 일을 중단하는 것은 지금까지 열심히 추구하던 것들을 내려놓는다는 의미를 내포한다. 우리는 이 세상에 살면서 여러 필요를 끊임없이 추구하고 있다. 그러다가 나도 모르게 각종 중독에 빠지게 된다. 일중독, 음식 중독, 쇼핑 중독(소비주의) 등. 안식의 날은 이런 중독에서 벗어나서 나의 본 모습으로 돌아오게 하는 시간이고, 그래서 내가 누구인지, 어디로 가고 있는지, 무엇을 추구하고 있는지 돌아보고 재정립하는 시간이다.

다섯째, 하나님은 창조 후에 피곤해서 쉰 것이 아니다. 하나님의 쉼은 만족의 표시이며 즐김의 표시였다. 안식일은 아직 할 일이 남아 있어도, 그리고 더 많이 일을 해야 무언가를 확보할 수 있을 것 같아도, 하나님만이 나의 참된 만족이라는 것을 고백하는 것이며, 하나님이 나를 책임진다는 것을 믿는 믿음의 행위이다(마 6:31-33).

(2) 하나님의 창조를 누림

안식일 규정은 최초로 안식하셨던 하나님을 기억하는 것과 연결된다(창 2:2-3). 그래서 엿새 동안 자신이 창조한 것을 즐기셨던 하나님과 더불어 그 창조의 즐거움에 동참하는 것이다. 그래서 안식의 첫 번째 요소인 일을 멈추고 쉰다는 것은, 아무 것도 하지 않는다는 소극적인 의미에서 한 걸음 더 나아가, 하나님의 창조의 영광을 느끼고 즐기고 누린다는 것으로 확장된다.

쉼은 내가 '해야 하는 일'을 멈추고 내가 주체가 되기를 중단하는 것과 같으며, 창조를 누리는 것은 객체의 자리로 내려와 주체가 되시는 하나님이 하신 일들, 내가 하지 않았어도 주어진 것들을 누리고 즐기는 것으로 연결된다. 이처럼 하나님이 주신 것들(사람들, 자연, 문화)을 수동적으로 누리는 것은 나의 삶이 전적으로 하나님께 의존되어 있다는 것을 고백하는 것이며, 모든 것의 공급자 되시는 하나님께 감사하는 삶의 출발점이 된다.

(3) 구원에 대한 경축

신 5:15은 안식일과 이집트로부터의 해방을 연결한다. "너희는 기억하여라. 너희가 이집트 땅에서 종살이를 하고 있을 때에, 주 너희의 하나님이 강한 손과 편 팔로 너희를 거기에서 이끌어 내었으므로, 주 너희의 하나님이 너에게 안식일을 지키라고 명한다." 안식일 규정은 하나님의 구원의 은혜와 연결된다. 그 날은 하나님의 구원을 기억하고 기념하는 날이다. 왜냐하면 하나님의 역사로 참된 안식을 얻었기 때문이다. 그러므로 안식일은 하나님의 창조로부터 구원으로 확장된다.

이 날은 일을 쉬고, 하나님의 창조를 누리는 것뿐만 아니라 하나님의 구원의 은혜를 기리기 위한 거룩한 모임을 갖는 날이다. "엿새 동안은 일을 하여라. 그러나 이렛날은 반드시 쉬어야 하는 안식일이다. 거룩한 모임을 열어야 하고, 어떤 일도 해서는 안 된다. 이 날은 너희가 살고 있는 모든 곳에서 지킬 주의 안식일이다."(레 23:3) 이 거룩한 모임은 단지 심각하고 진중한 모임만은 아니다. 마치 미리암과 여인들이 홍해의 구원을 기뻐하면서 축제 속에서 하나님을 찬양하고 기린 것처럼 함께 기뻐하면서 축제를 즐기고 누리는 날이다. 그렇게 하는 것이 하나님의 구원을 선포하고 감사하는 것이기 때문이다.

이렇게 안식일은 그리스도로 인해 우리에게 주어진 놀라운 하나님의 은혜를 정기적으로 기념하고 경축하는 것을 예표한다. 그것은 지금 내가 살아있고 자유로운 삶을 영위하는 것이 모두 구원자 하나님의 은혜 덕분임을 인정하고 감사하는 행위다. 또한 안식의 축제는 힘든 세상에서 진정한 쉼을 주실 하나님을 기억하고 영원한 안식을 기대하는 것과도 연결된다(종말론적 완전한 구속, 구속의 성취). 장차 완성될 하나님나라에 들어가 완전한 안식을 누릴 것을 기대하는 신앙고백적 행위인 것이다.

IV. 주일의 의미가 있는가?

구약의 안식일 규정이 신약 시대 주일로 이어지지 않고 그리스도 안에서 완성되었다면, 우리가 지금 예배드리는 날로 생각하는 주일의 의미는 무엇인가? 우리는 지금 7일 단위의 생활을 하면서 그 첫날인 일요일을 주일(Lord's Day)로 부르면서 쉬는 날, 예배드리는 날, 또는 '안식일'과 유사한 날로 지키기도 한다. 우리 시대에도 이 날만의 독특성이 있는가? 율법적인 이유가 아니더라도 여전히 일주일에 하루를 구별하는 의미가 있을까?

1. 기본적인 원칙

(1) 그리스도의 구속 사역으로 인해 거룩의 일상화가 이루어졌다. 이것은 다양한 영역에 변화를 주게 되었다.

거룩한 장소의 일상화는 하나님의 임재의 장소요 거룩하고 구별된 장소였던 성전 개념의 확장을 가져왔다. 이제 어떤 특정한 장소가 아니라 모든 곳이 하나님의 임재를 체험할 수 있는 거룩한 곳이 될 수 있다.

또한 구약 시대에는 특정한 사람들만 '거룩한 사람'으로 구별되었지만(제사장, 레위인, 나실인), 이제는 하나님의 자녀가 된 모든 사람들이 하나님을 모신 거룩한 사람(성도)이 되었다. 모든 사람들이 거룩한 제사장이 되었고, 하나님께 구별된 나실인이 된 것이다.

(2) 이것은 시간에도 적용된다.

과거에는 일주일에 하루 안식일만 거룩한 날이라 불렸지만, 이제는 모든 날들이 구속되어 거룩한 날이 되었다. 그러므로 어느 하루를 택해서 거룩한 날이라고 규정하고 그 날만 특별하게 보내야 하는 것은 아니다. 모든 날들의 거룩화는 예수님의 안식일 논쟁(마 12:1-15)과 바울의 가르침에서 분명하게 드러난다(롬 14:5-6, 골 2:16-17, 갈 4:9-11).

그러므로 우리는 매일을 주님의 거룩한 날로 인식하면서 안식의 정신으로 살아가고, 안식의 정신을 실천해야 한다. 그래서 일상의 삶에서 안식을 누리고, 구원의 은혜를 누리고, 창조의 기쁨을 누리고, 하나님이 주신 생명을 즐거워하는 것이 마땅하다.

(3) 위에서 언급했던 안식일이 내포하고 있는 정신은 기본적으로 우리의 일상적인 삶에서 실천되어야 한다.

일에 대한 나의 태도에 안식의 의미가 자리 잡아야 한다. 그래서 욕심과 탐욕, 자기 증명과 과시, 스스로 모든 것을 완벽하게 준비하고 대비하려는 태도를 제어해야 한다.

또한 일상을 살아가면서 순간순간 하나님의 창조와 구속의 은혜를 느끼고 체험하도록 민감해야 한다. 주변에 있는 창조물들과 주변에서 일어나고 있는 다양한 일들 속에서 하나님의 창조의 손길을 느끼고 감탄하고 감사하는 마음이 있어야 하고, 나에게 생명이 주어졌고, 그것을 누린다는 것을 실감나게 느끼고 감사해야 한다. 더 나아가, 하나님의 특별한 은총으로 죄 용서를 받았고, 구원의 은혜를 누리게 되었다는 것에 대해 매 순간 감사하는 삶을 살아야 한다. 이런 삶의 모습이 일상의 모든 순간, 모든 활동, 모든 곳에서 이루어져야 한다. 그것이 안식을 누리고 안식일의 정신을 실천하는 삶이다.

2. 초대교회의 주일 예배 전통

비록 신약의 기본적인 정신은 안식의 일상화이며, 신약성경의 저자들과 주님의 제자들, 그리고 이후의 속사도와 교부들은 안식일을 부활시키려는 시도를 전혀 하지 않았지만, 그들은 일주일의 첫날인 일요일에 정기적인 모임을 가졌다.

초대교회 때부터 그리스도인들이 일주일의 첫날인 주일에 모여 예배를 드렸다는 증거들이 많다. "첫 날에 떡을 떼려 모였다"(행 20:7), "매 주일 첫날에 너희 각 사람이 이를 얻은대로 저축하여"(고전 16:2), "주의 날에 내가 성령에 감동하여"(계 1:10) 첫 번째 날이 완전히 틀이 잡혀서 "주의 날"이라는 명칭이 붙은 것이다.

2세기에 들어가면서 "주의 날"이 기독교인들의 예배의 날로서 널리 알려지게 되었다. 100년경에 기록된 디다케는 주의 날에 함께 모여서 떡을 떼고 성찬식을 가질 것을 지시하고 있으며, AD 110년경에 이그나티우스는 그리스도인들이 더 이상 안식일을 위해서 살지 않고 주의 날을 위해서 살게 되었다고 언급하고 있다.

물론 그들은 결코 주일을 안식일처럼 지키지는 않았다. 기독교 초기의 "주의 날"은 휴일이 아니었다. 그래서 신자들은 새벽이나 밤에 모일 수밖에 없었다. 그러므로 현실적으로도 구약의 안식일 규정처럼 모든 일을 쉬면서 하루를 보낼 수가 없었다. 이것은, 앞에서도 언급했듯이, 구약의 안식일 규정이 신약 그리스도인들에게 그대로 연결되지 않는다는 것을 보여주는 것이다.

그러나 그들이 주일에 정기적으로 모여 어떤 활동들을 했다는 것의 의미가 사라지는 것은 아니다. 비록 상황의 한계로 인해 제약된 조건 속에서 모임을 가졌지만, 정기적으로 모여서 특정한 활동을 한 것은 그대로 기독교의 전통으로 자리잡게 되었다.

3. 구별된 시간의 의미

비록 주일이 안식일은 아니지만, 기독교 초기 성도들이 정기적으로 모임을 가졌던 것처럼 우리도 안식의 정신을 실천하기 위해서 일정한 시간을 떼어 놓아야 할 필요는 없는가? 그렇게 하는 것이 의미가 있는 이유가 몇 가지 있다.

(1) 첫째, 종말론적 긴장 – '이미와 아직'(already but not yet)

예수님의 안식일 성취는 종말론적 긴장 요소를 갖는다. 비록 예수님께서 이미 안식일을 성취하셨지만 그 완성은 종말에 이루어질 것이므로 아직 충분히 누리지 못한다. 예를 들어, 우리는 종말에 완전한 안식을 누리게 되겠지만 아직은 쉼을 충분히 누리지 못하고 여전히 일을 해야 한다. 그리스도의 성취로 인해 거룩한 것들이 일상화된 것이 맞지만, 아직 세속의 한가운데서 그 영향을 받으면서 살아가야 하기 때문에 여전히 종말론적 완성을 내다보면서 구별된 시간에 구별된 의식을 갖는 것도 의미가 있다.

그래서 쉬지 말고 기도하는 것이 이상적이지만 여전히 시간을 정해서 기도하는 것이 필요하고, 모든 재물을 하나님의 뜻대로 잘 사용하는 것이 이상적이지만 일부분을 특별하게 구별하여 헌금으로 드리는 것도 필요하며, 모든 식생활을 거룩하게 영위해야겠지만 특별한 시간을 정해 금식하는 것도 의미가 있고, 일상 속에서 살아있는 예배를 드리는 것이 우리의 마땅한 본분이지만 특정한 시간에 모여 특정한 예식을 통해 하나님께 예배하고 경배할 필요가 사라지는 것은 아니다. 그래서 초대교인들이나 후세 교부들도 모두 정기적으로 모여 예배하는 것을 당연한 것으로 여겼다. 이렇게 '영성의 일상화'(이미)와 '영성의 특별화'(아직)는 종말론적 긴장관계 속에 살아가는 우리들에게 모두 필요한 것으로 보인다.

(2) 둘째, 하나님의 7일 창조 패턴 존중

하나님은 천지를 창조하시고 7일째 되는 날 안식하셨다. 그것은 쉼이 필요해서가 아니었다. 하나님은 결코 지치지 않는 분이시기에 쉼이 필요 없다. 그것은 하나님께서 창조를 누리는 시간을 갖는 것과 동시에 모든 인류에게 삶의 패턴을 예시하는 의미가 있다.

특별히 안식일 규정이 집안의 종들과 동물들에게까지 적용되어야 한다는 것은 삶의 주도권을 갖기 어려운 사회적 약자들을 배려해서 최소한 7일 주기 휴식을 제공해주어야 할 필요가 있다는 것을 의미한다(신 5:12-15, 출 23:3). 이런 하나님의 의도를 존중한다면 우리의 삶이나 사회가 이런 주기를 따라 구조화되는 것은 충분히 의미가 있다.

(3) 셋째, 거짓 안식을 선전하고, 안식을 빼앗으려는 세상 권세자와 악한 영들에 대항하는 싸움의 의미

그리스도가 악의 머리를 상하게 하심으로 승리의 발판을 마련하셨지만(D-day), 아직 전쟁이 끝난 것이 아니고 완전한 승리(V-day)는 오지 않았다. 그 기간 동안 사탄은 그리스도가 주신 승리의 열매들을 우리가 충분히 누리지 못하도록 온갖 방해 공작을 할 것이다. 그 세력은 두 방향으로 우리를 공격한다.

첫째, 악의 세력들은 우리가 얻은 안식을 빼앗으려고 하면서 우리가 그 효과를 충분히 누리지 못하게 방해한다. 성취욕, 정복욕, 소유욕, 쾌락이라는 유혹을 통해서 우리가 더 많은 것을 욕망하고, 더 많이 일을 하도록 몰아친다. 그래서 쉬지 못하게 하고 멈추지 못하게 한다. 그렇게 하는 것은 낙오자가 되는 것이며 파멸의 길로 떨어지는 것이라고 속삭인다. 그 유혹에 넘어가게 되면 각종 중독에 빠져서 그 욕구를 만족시키고자 끊임없이 쳇바퀴를 돌리는 운명으로 전락하게 된다.

둘째, 그들은 우리에게 거짓 안식을 주겠다고 유혹하면서 참된 안식을 누리지 못하게 한다. 돈이 많고, 가진 것이 많고, 더 높은 지위에 올라가고, 더 재미있는 것들을 경험하고, 더 멋진 곳을 구경하면 더 많은 안식을 누릴 수 있다고 선전한다. 하지만 그것들은 일시적인 만족과 쾌락을 줄지는 모르지만, 진실하고 깊이 있는 참된 안식을 주지 못한다. 오히려 우리 삶을 더 깊은 불안과 고통 속으로 빠져 들어가게 만들 뿐이다.

우리는 이들 세력의 정체를 폭로하고, 그들의 거짓 안식을 드러내고, 그들의 유혹을 물리치고, 참된 안식의 바른 모습을 보여주기 위해서 노력해야 한다. 그 노력은 세 가지 방향에서 이루어질 수 있다.

첫째, 삶의 모든 영역에서 안식의 정신을 실천하는 것이다. '육신의 정욕, 안목의 정욕, 이 생의 자랑'을 추구하지 않고 오직 하나님나라와 그의 의를 추구하는 삶을 사는 것이 그런 것이다.

둘째, 가시적이고 상징적인 행위를 통해서 우리의 믿음을 선포하는 것이다. 모든 사람들이 끊임없이 욕망을 따라 움직일 때 그것에 브레이크를 걸고 멈추는 것은 그 자체로 신앙고백적 행위요, 세상을 향한 선포적 행위다(일주일에 하루 경제적 활동을 멈추는 것, 성취를 위한 노력(일과 공부)을 멈추는 것).

셋째, '영적 훈련'을 통해 자신을 쳐서 복종시키고 더욱 하나님나라의 안식을 소망하는 것이다. 욕망을 향해 질주하는 열차에 타고 있으면 그 흐름에서 벗어나기가 쉽지 않다. 내가 어디로 가는지 분별하기도 어렵고, 방향 전환을 하기도 어렵고, 그렇게 하기 위해 무엇을 해야 할지 알기도 어렵다. 그 안에 머물러 있으면 우리는 점차 영적인 감각과 능력을 상실하게 되고 결국 흐름에 순응하게 된다. 이런 이유 때문에 영적 훈련이 의미가 있는 것이다. 모든 영적 훈련은 세상 속에서 살아가기에 세상 정신의 공습을 받아 점차 세상 속으로 매몰되어가는 나를 추스르고 다시 하나님나라를 소망하고 그것에 맞추는 삶으로 돌리기 위한 노력이다. 이런 맥락에서 안식의 훈련도 참된 안식의 정신으로 무장하고 그것으로 삶을 재편하려는 시도인 것이다.

(4) 결론

우리가 일상적으로 하나님의 창조와 구속의 은혜를 느끼고 감사하고 즐기는 것도 필요하다. 하지만 '이미와 아직'의 종말론적 긴장 관계 속에서 하나님나라에서 완전하게 누릴 참된 안식의 모형, 예표, 선취, 미리 맛봄, 상징으로서, 그리고 참된 안식에 대한 소망을 선포하고, 안식의 원리대로 살기 위한 영적 훈련을 한다는 의미로서 일정한 시간을 구별하는 것은 나름대로 의미가 있다. 이것은 마치 우리가 시간을 정해놓고 함께 예배드리고, 기도하고, 영성훈련을 하고, 헌금을 따로 떼어놓는 것과 유사한 행위인 것이다.

4. 실제적인 문제들

(1) 비록 주일이 안식일이 아니고, 그래서 구약의 안식일처럼 지켜야 할 필요는 없지만, 실제적인 측면에서 볼 때 주일은 안식의 정신을 가시적으로 실천하고 훈련하기에 용이한 시간으로 보인다.

초대교회 성도들에게 그 날은 휴일이 아니었기 때문에 안식의 의미를 충분히 살리기에는 제한이 많았다. 그럼에도 불구하고 그들이 과중한 업무 속에서도 새벽이나 밤 시간을 내어 모이기를 힘썼다는 것은 우리에게 주는 도전이 크다. 우리는 그들과는 달리 일주일에 하루, 일요일이라는 공식적인 쉼의 시간을 부여받았다. 그러므로 이 날은 하나님의 안식의 정신을 실천하기에 가장 적합한 날이다. 그러므로 초대교회로부터의 전통을 이으면서 안식일의 의미를 살리기 위해서 이 날을 스스로 구별하는 것은 나름대로 의미가 있다. 이런 측면에서 칼빈의 권면은 새겨들을만한 가치가 있다.

"비록 안식일이 폐지되었지만 우리를 위한 동기는 여전히 남아 있는데, 그것은 1)말씀을 듣고 영적인 떡을 떼고 공식적으로 기도하기 위해 일정한 날에 모이는 것과, 2)종과 일꾼에게 일을 멈추고 쉼을 주기 위한 것이다. 안식일을 즐길 때 하나님이 이 두 가지 모두에 관심을 가지시는 것은 분명하다. … 그렇다면 우리가 모든 날의 구분을 없애고 왜 날마다 모이지 않느냐고 질문할 사람도 있을 것이다. 이런 상황이 우리에게 허락되면 얼마나 좋을까! 영적 지혜는 참으로 그것을 위해 매일 일정 시간을 구별할 만한 가치가 있다. 하지만 많은 사람의 연약함 때문에 날마다 집회에 모이는 것이 불가능하다면, 그리고 사랑의 원칙은 그들이 할 수 있는 것 이상을 요구하도록 허용하지 않는다면, 하나님의 뜻에 따라 우리에게 부과된 것으로 알고 있는 질서를 우리가 지키지 말아야 할 이유가 있을까?"[5]

(2) 주일을 어떻게 보내야 할 것인가?

이 날에 무엇을 해야 하고, 무엇을 하지 말아야 하는지를 율법적으로 규정하는 것은 지금까지 우리가 살펴왔던 흐름과 어긋난다. 다만 우리는 안식일이 담고 있는 정신을 창조적으로 계승하는 방향으로 그 날을 보내는 것이 좋을 것이다. 몇 가지 예를 들어보자.

우선 안식의 모형으로서의 육체적, 정서적, 영적 쉼을 누리는 것이 필요하다. 또한 나의 욕심을 위한, 나의 성취를 위한, 내가 스스로 준비하고 대비하기 위한 어떤 '일'들을 배제하면서 하나님만이 나의 삶의 기초라는 것을 고백하는 것도 의미가 있다. 안식의 시작은 창조와 연관되기에 하나님의 창조물과 더불어 하나님의 창조를 기리고 즐기고 누리는 시간을 갖는 것도 좋다. 어떤 사람들에게는 하나님의 창조를 이어받아 우리에게 주신 하나님의 창조성을 발휘하는 활동도 안식을 누리는 시간이 될 것이다.

(3) 일요일이 아닌 다른 날을 주일처럼 보내도 되는가?

바울의 설명에 따르면 이 날과 저 날은 동일하다. 어느 한 날이 더 특별한 것은 아니다. 그러므로 안식일이라는 특정한 시간을 반드시 지켜야 한다고 주장하는 안식교인들처럼 신학적인 이유가 아니라 현실적인 이유 때문에 다른 날을

---

[5] John Calvin, *Institutes of the Christian Religion*, 2.8.28-29.

의미 있게 보내는 것이 얼마든지 가능하다. 그러나 안식의 누림은 공동체적 축제의 성격이 있기 때문에 되도록 공동체와 함께 맞추어가는 것이 좋다. 물론 공동체 멤버들과는 달리 혼자서 주일에 일을 해야 하는 직업을 갖고 있다면 또 다른 창조적인 방법을 찾아야 할 것이다.

5. 그러나 여전히 조심해야 한다.

안식의 의미를 살리고 실천하기 위해 스스로 구별한 날은 결코 율법적인 날이 아니다. 그것은 구약의 안식일 규정을 준수하려는 동기에서도 아니고, 그리스도인이 반드시 지켜야 하는 율법적인 이유 때문에 그렇게 하는 것도 아니다. 하루를 떼어서 안식의 정신을 실천하려는 것은 안식을 파괴하려는 세상 권세 잡은 자의 계략을 파괴하고, 하나님나라의 참된 가치를 선포하려는 적극적인 동기에서 하는 것이다. 이런 동기로 행할 때 조심해야 할 것이 두 가지 있다.

첫째, 율법에 매인 것처럼, 의도했던 대로 하지 못할 때 죄의식을 느끼는 것은 좋지 못하다. 하나님에 대한 사랑, 그의 나라가 확장될 것에 대한 기대, 그리고 종말의 완전한 안식에 대한 소망을 품고 있다면, 안식의 정신을 실천하는 것은 자발적이고 자연스러운 것이 되어야 한다.

둘째, 다른 사람을 내가 생각하는 어떤 틀을 기준으로 판단하거나 정죄해서는 안 된다. 물론 안식의 정신을 권면하고, 가르치고, 잘 실천할 수 있도록 도와야 할 필요는 있지만, 그럼에도 불구하고 안식의 정신의 실천은 은혜로부터 나오는 것이지 율법적인 규율이 아니라는 것을 기억해야 한다. 만약 이것을 규율로 만든다면 우리는 다시 구약의 안식일 율법으로 돌아가는 것이다.

나가며

안식은 하나님이 주시는 가장 큰 축복이요 우리의 가장 큰 소망이다. 성경은 창세기에서 안식으로 출발해서 요한계시록의 완전한 안식으로 끝난다. 그만큼 안식은 이 세상을 향한 하나님의 의도를 가장 잘 담고 있는 개념이다.

비록 구약의 안식일 제도가 그리스도 안에서 완성되었지만, 그것이 담고 있는 정신은 여전히 살아 있다. 그러므로 우리는 이제 안식일 '제도'에 매이지 않지만, 그 '정신'을 실천하려는 노력을 멈추지는 않는다. 오히려 점점 더 안식을 잃어가는 세상에서 살아가면서, 참된 안식이 무엇인지 알리고, 그 안식을 향한 소망을 선포하고, 그것을 지금 이 땅에서부터 누리는 모습을 드러내는 것은 하나님 나라의 현재성과 미래성을 믿는 자들이 더욱 적극적으로 해야 할 일들이다. 그런 우리의 모습을 통해서 불안과 절망 속에 살아가는 이 땅의 사람들에게 참된 안식이 전해진다면 우리에게 먼저 안식을 주신 하나님의 의도가 아름답게 이루어질 것이다.

저자 프로필(실린 순서) 저자들은 기독연구원 느헤미야의 연구위원들입니다.

김근주
- 장로회신학대학교 신학대학원 (M.Div., Th.M.)
- 영국 옥스퍼드대학교 (D.Phil.)
- 현)기독연구원느헤미야 전임연구위원
- 현)희년함께 지도위원

조석민
- 합동신학대학원대학교(M.Div.)
- 영국 글로스터셔 대학교(B.A.)
- 영국 Trinity Theological College(ADPS)
- 영국 브리스톨 대학교(M.A., Ph.D.)
- 현)에스라성경대학원대학교 신약학교수
- 현)교회개혁실천연대 전문위원

배덕만
- 서울신학대학교 신학대학원 (M.Div.)
- 미국 예일대학교 (S.T.M.)
- 미국 드류대학교 (Ph.D.)
- 현)건신대학원대학교 교회사 교수
- 현)주사랑교회 담임목사

김동춘
- 총신대학교 신학대학원 (M.Div.)
- 독일 하이델베르크대학교 디아코니아학연구소
- 독일 하이델베르크대학교 (Dr.theol.)
- 현)국제신학대학원대학교 조직신학 교수
- 현)현대기독연구원 대표

김형원
- 총신대학교 신학대학원 (M.Div.)
- 미국 고든콘웰신학대학원 (Th.M.)
- 미국 보스턴 대학교
- 미국 트리니티복음주의신학대학원(Ph.D.)
- 현)하.나.의.교회 담임목사
- 현)월간 복음과상황 발행인
- 현)성서한국 이사장